W0368806

Le sentiment géographique

Collection dirigée par Christian Giudicelli

Élodie Bernard

Le vol du paon mène à Lhassa

Le sentiment géographique
Gallimard

Par mesure de précaution, tous les noms des personnes mentionnées ainsi que les lieux de rencontre ont été changés.

« Ne serait-ce pas le sentiment géographique, cette évidence confuse que toute rêverie apporte sa terre ? »

(Michel Chaillou, *Le sentiment géographique*, L'Imaginaire, n° 216)

© *Éditions Gallimard, 2010.*

Que mon livre t'enseigne à t'intéresser plus à toi qu'à lui-même, — puis à tout le reste plus qu'à toi.

André Gide,
Les Nourritures terrestres

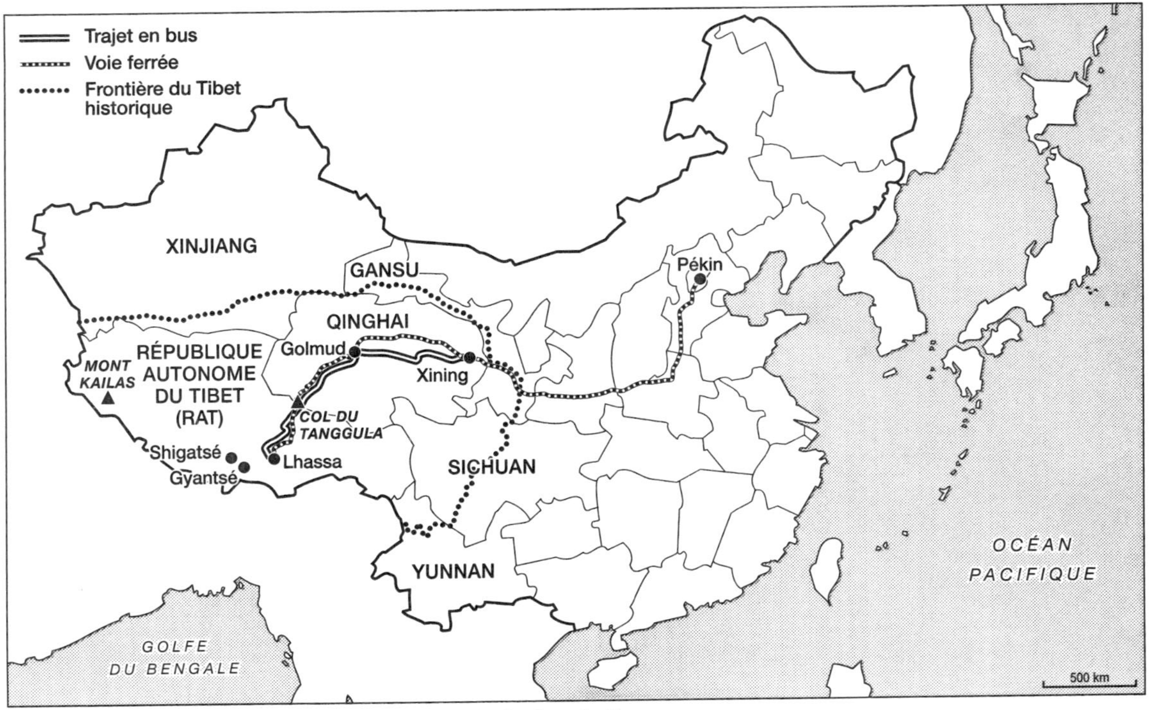

Itinéraire de l'auteur

Avant-propos

> Nous vivons dans un univers rétréci par les conventions sociales, les frontières, l'obsession de la propriété, la faim des jouissances, le refus de la souffrance et de la mort; un monde où il est impossible de voyager sans cartes, sans papiers, sans argent, un monde où l'on n'échappe pas aux idées reçues ni au pouvoir des images.
>
> JMG Le Clézio, *Gens des nuages.*

Depuis le début des années 2000, ceux qui gravissaient les hauts cols de l'Himalaya, du Népal et de l'Inde pouvaient lire, gravés sur des pierres sculptées ou imprimés sur des drapeaux, des messages qui invitaient à refuser les Jeux olympiques de Pékin de 2008 en signe de contestation de la situation actuelle au Tibet.

Ces messages, lancés dans les montagnes sans grand espoir d'être reçus, m'étaient restés à l'esprit. Au printemps 2008, lorsque les médias occidentaux rendirent compte des émeutes de Lhassa, je décidai d'être présente dans la ville le premier jour des Jeux olympiques. Pour tout voyageur passionné par les cultures et par les peuples de l'Himalaya, Lhassa est une destination mythique. C'est mon cas : ce sera mon septième voyage dans les montagnes. Les précédentes émeutes à Lhassa dataient de 1987-1989. Je n'avais alors que trois ans. Depuis, l'intérêt médiatique était retombé et les politiques tendaient à rattacher la question tibétaine à celle des droits de l'homme en Chine.

À vingt-quatre ans, je me décide donc à « hanter l'étrange pays de là-haut [1] » pour tenter de comprendre de l'intérieur la situation de ce pays en pleine tourmente. Il faut aller voir pour échapper aux idées reçues et au pouvoir des images convenues. L'inspiration et la curiosité se nourrissent de la vie : il faut *vivre l'expérience tibétaine*. Vivre au plus près de Lhassa, avoir la ville dans la peau, avec ses blessures et ses élans, « s'y entremêler de manière intime [2] ».

Mais, à Pékin comme à Kunming dans le Yunnan, la situation se révèle bloquée : impossible de me rendre sur le Toit du monde. Depuis les émeutes de mars 2008, la République autonome du Tibet (RAT) est verrouillée, son accès fermement contrôlé pour les personnes étrangères. À moins d'appartenir à un groupe organisé, le séjour des voyageurs n'y est plus toléré. Sont alors nécessaires un guide, un chauffeur et un permis sur lequel sera retranscrit l'exact tracé des chemins empruntés au cours du périple, tout cela étant orchestré par des agences de tourisme

1. Alexandra David-Néel, *Correspondance avec son mari, 1904-1941*. (Le lecteur trouvera les références des ouvrages cités dans la bibliographie, p. 204.)
2. *Id.*, *Voyage d'une Parisienne à Lhassa*.

officielles. L'incursion revient généralement assez cher pour quelques jours passés sur les hauteurs, ce qui n'est pas pour favoriser les longs parcours. Les étrangers ne feront donc qu'y passer. Des correspondants de médias internationaux, triés sur le volet, sont parfois autorisés à venir. Mais leur circuit à Lhassa est contrôlé de manière qu'ils ne puissent croiser aucun militaire sur les routes ni rencontrer aucun moine dans les monastères visités.

Je ne juge pas les directives chinoises, je refuse simplement de m'y plier. Envers et contre tout, je serai à Lhassa. C'est déjà la fin du mois de juillet, me voici en Chine et le temps presse, les Jeux olympiques seront inaugurés le 8 août 2008.

Je n'ai pas de laissez-passer pour entrer en RAT, mais qu'importe. Je veux m'immerger dans le quotidien de la société. La politique internationale, la crise financière, le poids économique grandissant de la Chine dans les flux économiques mondiaux ne favorisent pas les mouvements contestataires dans ce pays. La réaction de la société à la répression qui frappe le Tibet depuis cinquante ans est naturelle. La peur et la méfiance règnent partout.

Lors de mes précédents voyages dans les régions tibétaines de l'Inde, j'ai appris des rudiments de tibétain mais il n'est pas nécessaire de parler la langue nationale pour pouvoir communiquer. L'instinct, une attention marquée à la gestuelle des habitants suffisent pour entrouvrir un espace de compréhension. Je réussirai cependant à trouver des interprètes de confiance chaque fois que les conversations s'orienteront sur des aspects politiques.

Étant seule, mon itinéraire se décidera plus facilement au gré des rencontres. Je veux côtoyer au plus près ce peuple qui dans la pleine lumière médiatique n'a paradoxalement pas droit à la parole, ce peuple abandonné non par manque de moyens mais par manque de volonté politique. Les risques encourus, fussent-ils minimes, favorisent la clairvoyance de l'observateur, moins sur la justesse de la rébellion que sur la forme empruntée par celle-ci.

Après le voyage raconté dans ce livre, je reviendrai deux fois à Lhassa. La première, j'entrerai encore sans les autorisations nécessaires. Mais, dès mon arrivée, je serai repérée par les services de sécurité et devrai quitter au plus vite les terres du Tibet. La seconde, je me mêlerai à un groupe de touristes étrangers. Accompagnée d'un guide, le voyage ne sera pas le même. Les relations avec la population seront quasi inexistantes.

1.
Xining, aux portes du Tibet

Si tu veux te trouver, commence par te perdre.
Jacques Lanzmann

S'enchaînent les quartiers périphériques aux barres nouvelles construites à la soviétique, les épiceries désolées aux hôtels douteux. Je quadrille nerveusement le secteur aux abords de la gare ferroviaire, me livrant aux espérances et aux obsessions.

On arrive généralement à Xining par le train en provenance de l'est. On délaisse la Cité interdite et les secrets de l'empire, les paysages d'agglomérations tentaculaires et les jardins en terrasses des alentours de la ville de Xi'an. « J'eus le sentiment très net que, n'en déplaise aux cartes d'Asie politique, j'avais laissé la Chine derrière moi », écrivit en 1935 Peter Fleming dans *Courrier de Tartarie*. Quelque chose résiste dans la cité.

Xining est une « marche tibétaine ». Lhassa n'est pas loin et la ville appartient aux provinces du Tibet intégrées à la Chine, à ce que l'on appelle le « grand Tibet historique » ou *Cholkha-Sum* en tibétain. Autrefois ce vaste territoire comprenait les provinces de l'U-Tsang, de l'Amdo et du Kham ; il a été découpé, dans les années 1950 et 1960, en République autonome du Tibet et en provinces du Qinghai, Gansu, Sichuan et Yunnan, de manière à répartir les millions de Tibétains sous différentes administrations. «Diviser pour mieux régner», la devise est bien connue des décideurs politiques. Aujourd'hui plus de la moitié de la population tibétaine vit à l'est de la République autonome du Tibet.

Mon regard parcourt la gare routière. Mes yeux cherchent l'indice qui me permettra d'atteindre mon objectif. En vain. «Lhassa. Lhassa», ressassé-je comme une prière. Comme je n'ai pas d'autorisation délivrée par le bureau chinois du Tourisme au Tibet pour pouvoir entrer, les conducteurs d'autocars et les employés des guichets de la gare refusent de me vendre un billet pour Lhassa. Si tant est que j'en acquière un, le chef de compartiment me demandera mon autorisation avant de monter dans le train.

Des tours surgissent à chaque coin de rue. Le peuple d'en bas glisse entre les bâtiments livides. Nul ne songe à lever les yeux au ciel. La rumeur de la foule se répercute sur les façades vitrées des buildings dont les ombres planent au-dessus de l'activité de la rue. Le minaret de la mosquée en arrière-plan est lui aussi encastré entre les tours de l'Agriculture Bank. Le mausolée est vide. Je persiste à rôder parmi les badauds, dans ces rues anonymes et laides typiques des nouvelles excroissances urbaines que les autorités chinoises façonnent au rythme d'un développement économique acharné et désordonné. Ville en perpétuelle construction, ville sans cesse en mouvement. Rien ici n'a allure d'achevé. Les grues des vastes chantiers murmurent entre elles l'avenir de la cité. Les fils électriques s'entremêlent de toutes parts. Sous ce ciel de métal fourmillent des gens à la destination et à l'origine incertaines. Xining est devenue une ville métissée qui porte les traces de la modernité humaine. Les Hui, chapeau blanc vissé sur une petite tête brune, ont les yeux bridés des habitants des plaines de l'Est. Les quelques Ouïgours ont le front large et le regard de faucon propre aux peuples de l'ouest de l'Asie. D'autres, manche de *tchouba* [1] relevée, bottes en feutrine et bonnets fourrés vissés sur la tête, gardent un bras caché, comme prêt à sortir le sabre — mais depuis longtemps les guerriers d'Attila sont désarmés. L'allure des nomades Goloks [2] est rustre, sauvage. Les Tibétains, provenant des hauteurs himalayennes, vêtus d'un manteau en peau de mouton, ont les pommettes saillantes et les sourcils arqués.

Traits asiatiques en terre musulmane ou caractéristiques de l'islam en terre tibéto-mongole ? On ne sait plus trop. Les moines bouddhistes avec leur parapluie en nylon fleuri traînent sur les trottoirs de Xining, errent près des devantures des centres commerciaux. Téléphone portable en main, ils y entrent et en sortent. Sont-ils de véritables moines ? La lumière blême du soleil réchauffe au ras de l'asphalte les étals des marchands de légumes hui. Alors le vent se lève et caresse les voiles de l'islam, puis d'un léger souffle soulève les minijupes de voyageuses pékinoises. Le pourpre des robes monacales perd finalement de son éclat au milieu de tous ces horizons.

1. Vêtement tibétain.
2. Nomades tibétains des steppes de l'Amdo.

La culture tibétaine se noie dans ce va-et-vient continuel, dans cet excès de modernisation sans cesse en accélération. Toute la ville prend du coup une allure de transit, et ses habitants, l'aspect de voyageurs en attente. Les arrivées et les départs ne se distinguent plus. Lieu du départ, lieu des espérances et du tout-possible. Il n'y a pas d'autre choix ici que d'attendre pour enfin partir sur les routes. Partir pour partir. Partir pour ne plus attendre. Je me décide à filer sur les routes du Qinghai pour renouer avec l'étincelle première, le coup de tête qui avait décidé de mon départ.

Je vais dans les campagnes environnantes, errant de village en village. Sur les rives du lac Koukou Nor ; sur les flancs du massif du A'nyêmaqên Shan. Je vais dans le village de Taer'Si, plus connu des Tibétains sous le nom de Khumbum, où Alexandra David-Néel avait élaboré son plan pour s'aventurer à Lhassa en 1924, alors que l'accès à la ville était interdit aux étrangers. Je cours dans les allées du monastère, l'un des six plus importants de la secte des « Bonnets jaunes », les Gelugpa. J'implore le très vénéré Tsongkhapa, fondateur de cette secte, poète aux beaux jours, né au XIVe siècle dans ce village, pour qu'il m'indique le mot de passe du Toit du monde. Je fais et refais le tour du temple principal, baisant les murs avec dévotion. Mais tout ce manège a pour seules conséquences une instabilité et une insatiabilité sans répit.

2.

Dans la campagne du Qinghai

Ce monde est une montagne.
Nos actions sont un cri dont l'écho toujours nous revient.

Rûmî, *Mathnawi*, Livre premier.

La campagne du Qinghai est encore glacée en ce début de matinée. Sur la grand-route, il me semble que chaque autocar rempli de passagers se dirige vers Lhassa. Les rayons de soleil miroitant sur la neige des cimes me paraissent être autant de clins d'œil qui invitent à franchir les cols. Je me fraie un chemin entre les coudes des vallons, promesses du plateau himalayen.

Des chiens galeux traînent, prêts à mordre comme tous les chiens de l'Himalaya. Je n'ose les regarder, ramassant au sol un bâton pour me défendre contre une éventuelle attaque. Jamais je n'avais éprouvé pareille sensation d'isolement. Un frémissement parcourt ma peau. Je sens que quelque chose va se produire. Que tout ce temps passé à attendre, à errer à la recherche d'une solution va déboucher sur autre chose.

Un vieil homme arrive. À ses côtés, un âne tire une charrette vide. Le grincement des roues de la carriole est relayé par des voix sourdes s'élevant des champs. Les laboureurs ont commencé leur journée. Asséchées en surface, les terres du Qinghai ont une forte teneur en sel, ce qui retient l'eau en des nappes plus profondes. La bruine de la veille s'est mêlée à la terre sur la route et s'étale en couches visqueuses. Des flaques croupissent dans les ornières des laies. Leurs bas-côtés sont vaseux. Mains croisées dans le dos, agitant un chapelet de prières, courbé sur les poussières du chemin, le vieillard me dépasse. On pourrait le croire en route vers le temple, hypnotisé par le rosaire qu'il serre dans sa paume. Je le suis du regard. Le vieil homme ne va nulle part ailleurs que faucher son champ. Inlassablement les sabots de l'âne frappent le sol et le faucheur avance.

Dans toutes ces villes situées aux marges du plateau tibétain, les peuples divers se sont depuis toujours côtoyés : Hui, Ouïgours, Mongols, Tibétains, Han, Sharwa, Moinbas, Lhoba. Le commerce transhimalayen fleurissait, faisant des peuples frontaliers, comme les Sharwa des confins sino-tibétains de l'Amdo ou les Nyishangba du Népal, de fort habiles négociants. Commerce traditionnel de laine pashmina, de thé et surtout d'objets précieux, bijoux et amulettes en coraux et en turquoises, caractéristique première du négoce d'antan des Tibétains. Les caravanes marchandes s'acheminaient de la province chinoise du Yunnan jusqu'à Lhassa par la route dite du thé. Elles venaient également par-delà l'horizon de l'ouest, sur la Route de la Soie, égrainant au passage des individus qui élirent domicile sur les terres du Tibet.

Leurs descendants, Tibétains d'origine persane, anatolienne ou cachemirie, fidèles à l'islam, y résident encore. Les musulmans tibétains ne furent pas davantage épargnés que les bouddhistes lors de la Révolution culturelle chinoise, et les Kache Habaling du quartier de Thelpung Khang à Lhassa virent en 1969 les gardes rouges transformer leur mosquée en cinéma, les pages du Coran déchirées puis jetées aux flammes. Les foires indiennes, les pèlerinages bouddhistes rythmaient les échanges économiques sur tout le pourtour de l'espace frontalier himalayen où s'édifiaient des villes-caravansérails, comme celle de Kyikudo, à l'est du Tibet. La « Route de l'amitié », construite au début des années 1960 entre Lhassa et Katmandou sur le tracé des antiques voies caravanières, accéléra le processus coutumier de réorientation des échanges économiques avec le sud de l'Himalaya.

Au premier coup d'œil, le village traversé est tibétain. Pas d'ornements rouges sur les portes des maisons, typiques des habitats chinois. Je m'installe dans un estaminet et commande une soupe aux nouilles. Les tenanciers me laissent seule dans le restaurant, s'échappant par la porte du fond.

Se dissimuler parmi la population du Qinghai est chose facile. En m'habillant de vêtements achetés sur un marché local, en me vissant une casquette sur la tête, je passe inaperçue sur les grands chemins. La population du Qinghai vit dans l'effroi permanent d'être accusée de complicité d'actes subversifs, encore davantage depuis les émeutes de mars 2008 qui ont secoué l'ensemble des régions tibétaines de Chine. Beaucoup fuient à la simple idée d'être vus en la compagnie d'une étrangère. On préfère se taire, se faire oublier ou partir, de peur des représailles qui pourraient s'ensuivre de la part des autorités chinoises. Les exemples ne manquent pas. Tout le monde ici connaît une ou plusieurs personnes arrêtées et disparues. Ces avertissements maintiennent la population dans une crainte et un soupçon constants.

Entre un jeune homme dans le restaurant. Je souhaite vérifier la crédibilité de mon identité usurpée. Je ne bouge pas. Me voyant postée au milieu de la salle, il commence à me parler, me prenant sûrement pour l'hôtelière. Avec un haussement d'épaules évasif, la tête rentrée, je fais mine de ne pas vouloir le servir. Il lève le ton, s'énerve. Lorsque les tenanciers arrivent, il se retourne vers moi et je ne peux que m'esclaffer devant le succès de mon imposture. Avec un vaste sourire, le jeune Chinois m'invite à sa table. Nous rions tous deux de bon cœur de sa crédulité et de ma supercherie.

Il est très avenant. Maîtrisant les rudiments de la langue anglaise, il m'explique qu'au village cohabitent une centaine de familles tibétaines avec seulement quatre foyers han. Des événements de mars 2008, il me résume une version confuse qu'il tire en partie, dit-il, des affiches de propagande placardées dans tous les lieux publics par les autorités : « C'étaient des actes de brigands tibétains qui avaient voulu piller les magasins tenus par les Han de la ville. » Pourtant, lorsque je lui demande comment se passe la vie ici pour la communauté tibétaine en cette veille de Jeux olympiques, « Très difficile », me dit-il. Je suis surprise par sa réponse directe qu'il ne semble pas vouloir mettre en corrélation avec les récents événements dans la région. « Rien de plus dangereux que de se renseigner à coups de questions. C'est demander des idées générales à des hommes qui n'en ont pas », écrivait en 1934 André Malraux dans *Carnet d'URSS,* lors de son séjour en URSS pour le Premier Congrès des écrivains de l'URSS [1].

« Depuis les émeutes, toute la région est ostensiblement quadrillée par les forces militaires. Et encore davantage lors du passage de la flamme olympique. Les contrôles de police aux sorties des villages ont été multipliés. La nuit comme le jour. Pour nous, il suffit de s'arrêter, de discuter un peu avec les policiers et nous repartons quelques minutes après. Pour les Tibétains, c'est différent. Ils doivent montrer à tout bout de champ leurs papiers d'identité et très souvent, aux points de contrôle, leur voiture est fouillée. Ils peuvent en avoir pour des heures ! »

La flamme olympique, après avoir été acheminée en haut de l'Everest le 8 mai puis à Lhassa le 21 juin, fut ensuite portée jusque dans la ville de Golmud, sur les rives du lac Koukou Nor et à Xining, avant de rejoindre Pékin.

Quelques minutes plus tard, le jeune homme, qui se nomme Tchen, reconnaît que la région est soumise à de graves dissensions ethniques et me propose de rencontrer ce soir la famille de sa belle-sœur qui est tibétaine. Il arrange le rendez-vous en appelant de son téléphone portable et nous partons chez lui où son épouse reste toute la journée à surveiller leur enfant. Ils habitent dans un autre village, une maison chinoise sans étage.

1. André Malraux, *Carnet d'URSS,* Éditions Gallimard, 1934.

Une pipe à opium qui n'a plus l'air de servir beaucoup et des divans meublent une large véranda claire et sobre, ombragée par quelques feuillus plantés dans la cour.

Peu avant minuit, Tchen donne le feu vert. Il demande à une amie ainsi qu'à deux autres personnes de nous accompagner, de manière que je passe inaperçue parmi les passagers de la voiture. Nous roulons pendant une bonne quarantaine de minutes. Nous ne parlons pas, nous appréhendons tous un contrôle de police qui, même si je ne suis entourée que par des Chinois han, entraînerait des conséquences graves pour eux et, dans une autre mesure, pour moi aussi.

— Tchen, tu es han. Pourquoi fais-tu tout ça ?

— Je ne sais pas. Pour toi. Parce que tu t'intéresses à nous, à notre région, le Qinghai, si loin de ton pays pourtant.

La réponse de Tchen ne me surprend pas. Sur la route, j'avais beaucoup réfléchi aux comportements des personnes croisées, toutes très hospitalières à mon égard. Il est vrai que la plupart étaient bien étonnées de rencontrer une jeune fille de mon âge seule dans la campagne du Qinghai. Cela ne se fait pas ici, en Chine. On me dit que je dois être bien malheureuse, que je dois être sans attache affective pour voyager ainsi. L'instinct maternel d'une mère ou l'élan protecteur d'un père priment presque toujours. Mais Tchen ne m'a posé aucune question personnelle. Il est différent. Il dit vouloir m'aider dans ma volonté de connaître la communauté tibétaine de son pays. Il n'a rien du bon père de famille, ni même du militant. Sa conscience politique est des plus restreintes. En observant Tchen — avec ses cicatrices au cou et son regard appuyé qui en dit long —, on comprend qu'il a été formé à l'école de la vie. Seules les idées qui induisent immédiatement des actes comptent, à l'opposé de la contemplation ou de l'idéologie qui selon lui proviennent des grandes villes de l'Est chinois. L'émotion de la rencontre qui nous attache l'un à l'autre lui importe plus que mes origines ou la manière matérielle et sentimentale que j'ai de conduire ce voyage. À mon contact, il s'est mis à vivre pleinement, oubliant parfois les risques qu'il encourait, bien plus réels pour lui que pour moi. Je n'ai de cesse de le lui rappeler quand parfois des idées saugrenues lui viennent à l'esprit. Ce soir, l'excitation du danger et l'opportunité de passer outre aux lois contraignantes de son pays sont plus fortes que sa volonté de m'aider à comprendre la vie des Tibétains aujourd'hui. Je ne suis finalement qu'un prétexte pour révéler au grand jour son âme d'aventurier jusque-là refoulée.

Arrivés à destination, nous laissons la voiture en contrebas du village. Une fois les phares éteints, la nuit nous recouvre. Nous grimpons sur les flancs de colline, avec pour seul éclairage les écrans de nos téléphones portables et les étoiles. Les brindilles craquent sous nos pieds, puis les chiens enchaînés du village aboient, déchirant la quiétude d'une nuit ordinaire de campagne.

Avant de pénétrer dans la maison, nous nous arrêtons un instant sur la terrasse qui surplombe les silhouettes ténébreuses des arbres et la vallée ensevelie par la nuit. Près d'une dizaine de personnes nous attendent. Elles sont toutes tibétaines et habitent dans le village de la belle-sœur de Tchen. Chose fréquente au Qinghai, en raison de l'ascendance ethnique composite, chaque famille peut avoir officiellement reconnu un ancêtre comme étant tibétain ou mongol tout en ayant déclaré celui-ci han en d'autres occasions. Reflux des hordes conquérantes de Tibétains ou victoire des Mongols assaillants, les destins de diverses civilisations se sont rejoints et écartés à un moment précis de l'Histoire. Les visages d'aujourd'hui en portent les stigmates.

Lorsque, au cours des mois qui suivirent les événements de 2008, les émeutiers faits prisonniers à Lhassa descendirent du train à Xining, menottes aux poignets, emportés vers les *laogaï*[1] du Qinghai, les visages racés se sont fermés. Seule l'angoisse devant l'avenir leur a fait remuer les lèvres. «*Bismillahi Rahmani Rahime*[2]», les sourates du Coran récitées par les Ouïgours, me dit Tchen, se sont alors confondues dans un murmure avec les mantras tibétains. Les décideurs politiques de la Chine d'aujourd'hui prennent leur revanche sur les souvenirs persistants de triomphe des empires tibétains et de l'autorité indépendante du Turkestan. Dans le tourbillon politique incessant qui appelle le cycle de l'histoire de ces confins, chaque habitant tente d'occuper son espace, animé d'un étrange esprit de corps.

En fin d'après-midi, la belle-sœur de Tchen a fait part de ma venue au reste de la communauté. Rares sont les Occidentaux qui s'aventurent dans ce village et ses habitants sont curieux de s'entretenir avec moi.

1. Camps de «réforme par le travail» dépendant d'organismes locaux et non du ministère de la Justice auquel se rattachent les prisons.
2. «Au nom d'Allah, le Tout Miséricordieux, le Très Miséricordieux.»

Ce soir, ils me parlent de leur plus grande préoccupation, la lente disparition de leur langue.

Aveu de détresse. Le premier est obtenu du frère tibétain de la belle-sœur. Tchen écoute, s'intéresse, mais de là à dire qu'il changera d'opinion, rien n'est moins sûr.

« Pourquoi continuerions-nous à parler tibétain ? Tu apprendrais, toi, une langue qui n'a plus sa raison d'être ? » Une femme assise à ses côtés tente de le calmer. N'y arrivant pas, elle se lève et s'éclipse par la porte en direction de la cuisine. L'homme reprend. « L'emploi du tibétain écrit n'est pas accepté dans la société actuelle. On n'envoie pas le courrier dans notre langue car le personnel des services postaux ne la comprend pas. Lorsque nous avons des requêtes à faire auprès des autorités provinciales, nous ne les écrivons pas en tibétain, elles ne seraient même pas regardées. Dans la rue, chez les commerçants, partout dans le quotidien, nous parlons chinois. Je suis père de trois enfants et je ne suis même pas capable de transmettre à ma descendance la langue de mes ancêtres. Ce n'est pas la volonté qui me manque mais je suis immergé dans d'autres codes linguistiques. Pour mes enfants, c'est une catastrophe. Ils comprennent mal la langue tibétaine et la parlent difficilement. Le soir, je rentre tard des champs et je suis trop fatigué pour la leur apprendre. J'en oublie les règles grammaticales de base. À l'école du secteur, l'instituteur n'enseigne que la langue chinoise. Tu trouves ça normal qu'il n'y ait aucun cours dispensant notre langue alors que le village est à très grande majorité tibétain ? Nous allons tous au monastère. Mes enfants aussi. Mais comprendront-ils notre religion s'ils ignorent la langue des Enseignements de Bouddha ? »

Le ton de l'homme est monté. Dans la salle, les peaux rougissent, les esprits s'échauffent. Peut-être ont-ils le sentiment de m'en avoir trop dit. Nous devons partir, il se fait très tard et demain tout le monde ira travailler aux champs de bonne heure.

Dans la voiture, je repense à ce qu'avait écrit le Panchen Rinpoché dans sa pétition envoyée à Chou En-Lai : « Une personne dont les ancêtres étaient tibétains mais qui elle-même ne comprend pas la langue tibétaine, qui n'a pas une seule caractéristique tibétaine, qu'il est impossible de distinguer des gens d'une autre nationalité, peut certes se dire tibétaine, mais ne l'est que nominalement[1]. » Je reste songeuse.

Très vite, la réalité me rappelle à l'ordre. Stupeur : un barrage de police qui n'était pas là à l'aller s'est dressé depuis. Un des policiers s'avance déjà vers le véhicule. Nos cœurs battent la chamade. Mes hôtes savent ce qui les attend si je suis découverte.

Par un subterfuge oral instinctif, le chauffeur nous sauve *in extremis* de cette mauvaise situation. Il propose aux policiers du ravitaillement en eau et en boissons gazeuses, ne laissant transparaître aucune émotion sur son visage. Je fais mine de m'assoupir sur l'épaule de ma voisine, dissimulant ainsi mon visage d'Occidentale. À cette heure, les policiers sont fatigués et donc ravis de cette marque de compassion inopinée. En acceptant notre aide, ils oublient de remplir correctement leur devoir. Ils ne vérifient donc pas nos papiers d'identité et ne fouillent pas le véhicule. Nous reprenons notre route

1. Patrick French.

jusqu'à la demeure de Tchen, les membres tremblants, les visages livides.

Je me lève avant l'aube. Nous nous disons au revoir simplement. Tchen ajoute : « N'oublie pas de m'appeler si tu reviens à Xining. Tu seras toujours la bienvenue chez moi. » Chacun repart vers sa vie, après avoir partagé ces moments tant chargés d'émoi.

J'avais remarqué la veille une *gompa* [1] en haut du village et je suis bien décidée à rencontrer le moine qui y officie.

Il est dans une salle, seul. À en juger par sa mine réjouie, je ne le dérange pas en cette heure matinale. Il est six heures. Il m'invite à entrer et me sert une tasse d'eau fumante à la surface de laquelle il disperse quelques branches de thé.

— Lhassa, soupire-t-il, je n'y suis pas retourné depuis les émeutes de mars 2008. Les lamas n'en ont plus le droit. Ce début d'année a été atroce. Il y a eu des perquisitions, des arrestations et des fouilles dans les monastères de la région. Nous étions tous aux yeux des autorités chinoises soupçonnés d'entretenir des visées indépendantistes sous les ordres du présent Dalaï-Lama. Deux moines du monastère voisin ont été emmenés dans les fourgonnettes de la police. Ils avaient crié des slogans revendiquant une plus grande liberté religieuse et le retour du Dalaï-Lama au Tibet.

— Et depuis leur arrestation, sais-tu ce que sont devenus ces deux moines ?

1. Monastère tibétain.

— Ils ont dû mourir comme meurent les moines tibétains dans les prisons chinoises. Personne n'en est véritablement sûr. La famille n'a pas de nouvelles depuis leur arrestation et, de toute façon, les autorités ne rendent presque jamais les dépouilles aux familles. J'ai entendu dire qu'avant de libérer un prisonnier d'un *laogaï*, les gardiens lui font boire, sans qu'il s'en aperçoive, un poison mélangé à une boisson ordinaire, de manière qu'il meure au cours de la première ou deuxième journée après sa sortie, et une fois de retour dans sa famille. Je ne suis pas sûr de ce fait, mais cela m'effraie d'avance. D'ailleurs, nous sommes tous terrifiés.

Quand je me suis fait moine, à la fin des années 1980, la situation était malgré tout meilleure. Ces huit dernières années, elle a empiré à cause de leur plan de « Développement du Grand Ouest » (*Xibu da kaifa*). Depuis les émeutes de mars, c'est encore pire ! La surveillance s'est intensifiée. On a surveillé mes moindres faits et gestes pendant les derniers mois. Pour aller aux toilettes ou au restaurant du village, par exemple. Les policiers étaient présents dans le monastère de neuf heures du matin jusqu'à minuit. Ils savent très bien qui on appelle et qui nous appelle. Au moindre appel téléphonique qui soulève des soupçons, on nous embarque au poste et nous sommes détenus en cellule pour un minimum de dix jours. Certaines personnes ne résistent pas, elles pleurent sans cesse au cours des interrogatoires. Elles en ressortent terrifiées et communiquent leur effroi aux gens du voisinage. Pour d'autres, des âmes plus fortes sans doute, ça se passe mieux. Ou bien, autre solution, tu paies et les policiers arrêtent les recherches. Ce que nous détestons le plus dans le quotidien, ce sont les cours de « rééducation politique ». C'est un véritable supplice d'y aller. Nous sommes tous très en colère contre ces séances.

Je demande au moine davantage de détails concernant les séances de « rééducation politique ». Clignant des yeux, il plonge une cuillère dans un sachet en plastique et en silence laisse la poudre de sucre se déverser dans son thé. Dans un râle, il ajoute :

— Au lieu de nous concentrer sur les enseignements de Bouddha, on nous oblige à réciter et réécrire les règles de base de la politique et du droit chinois, plusieurs heures par jour. Et surtout on nous oblige à dénoncer le Dalaï-Lama et à approuver la politique de la Chine. Cela a débuté en 1998 ici et en 1996 à Lhassa. Ces dernières années, nous pouvions ne pas être trop attentifs, mais dorénavant les pressions se font plus grandes. Si aucun incident ne se produit ces jours-ci, avant l'ouverture des Jeux, on nous a promis de relâcher la surveillance au cours des séances. Mais comme l'an prochain, en mars 2009, ce sera le cinquantième anniversaire de la fuite du Dalaï-Lama, je n'en crois rien. On restera étroitement surveillés toute l'année. Du coup, avec cette surveillance, les gens ont peur d'aller au monastère. Mais ils s'y rendent, malgré les pressions. Excepté lorsque les conditions deviennent trop dangereuses, comme cela a été le cas pendant le passage de la flamme olympique ou bien sûr dans les mois qui suivirent les émeutes de mars. Tous ceux qui se rendaient au temple pouvaient être accusés de complicité d'actes subversifs. On osait à peine me regarder dans les rues. Encore aujourd'hui, les relations entre les moines et la population sont étroitement contrôlées. Comme je te l'ai déjà dit, de simples soupçons de policiers peuvent parfois entraîner la détention provisoire, pendant une dizaine de jours, et du moine et de l'habitant. Que cet habitant soit tibétain ou han; c'est pareil pour tout le monde. Nous avons l'impression d'être mis au ban de la société... Je désespère de voir à l'avenir un quelconque changement, mais la violence n'est pas la bonne solution.»

À mon interrogation sur le nombre d'enfants du Qinghai qui voudront devenir moines plus tard, le lama se tait. Seul le craquement des beignets frits, les *momo*, sous mes dents se fait entendre. Il se met alors à sourire, rompant le silence par la magie de cette expression imperturbable de bonne humeur. Les outrages de la vie quotidienne ne l'affectent-ils plus? Ou bien est-ce le rictus que les hommes affichent quand la fatalité les accable? Et alors ils s'accommoderaient de la présente situation avec docilité, espérant seulement qu'il ne pourra exister de pire condition dans les jours à venir.

Je n'ai pas le temps d'attendre sa réponse ni de lui poser d'autres questions car un homme, un simple villageois, est entré dans le monastère. Il se dirige à présent vers nous. Le moine dans un élan de gentillesse m'invite à me lever et à partir.

— J'ai été ravi de pouvoir discuter avec toi. Au revoir et bon voyage à Lhassa. Quand pars-tu?

— Je ne sais pas...

Plus que cinq jours, et les Jeux olympiques de 2008 à Pékin débuteront. Plus que cinq jours pour réaliser mon projet, qui au fil des jours passés sur les marches tibétaines s'est transformé en une obsession : être à Lhassa pour le premier jour des Jeux.

Je chemine sur le sentier qui mène à la grand-route où je prends un bus au passage. Une heure, deux heures dans cette navette de campagne au milieu de poules, de bêches, de paniers. Je m'arrête au hasard dans un petit village et, au hasard encore, je frappe à une porte, une de ces grosses portes en bois recouvertes de symboles rouges chinois. Demander l'hospitalité aux familles tibétaines reviendrait à leur faire courir beaucoup trop de risques.

Une femme apparaît, elle comprend et me fait entrer. C'est bien une famille han. Très accueillante, elle est aussi très étonnée de voir débarquer à cette heure tardive une jeune fille au regard perdu, sac au dos. Au petit matin, je la dédommagerai avant de continuer mon chemin.

C'est ainsi pendant deux ou trois jours. Toujours logée dans une famille han, jamais dans une famille tibétaine. Et toujours en bus de campagne, tout en suivant la boussole du hasard. Je n'ai pas encore trouvé de moyen pour me rendre à Lhassa. À force de traîner sur les routes, mes paupières s'alourdissent et mon visage pâlit. Mes traits s'affaissent. Les jours sont à la soumission, non à la révolte. Je savoure cette impuissance, je m'abandonne à l'ivresse de la langueur du moment jusqu'à ce qu'un nouvel horizon épuré de l'appétit du gain et de la peur de l'investissement apparaisse, jusqu'à ce qu'un nouvel instinct de survie guidé par une soif de compréhension et une quête de sacré survienne.

Il suffirait d'un jour supplémentaire dans les campagnes du Tibet pour que je parte vers l'ouest du Qinghai, vers le Xinjiang et les confins des mondes afghan, tadjik, pour que je traverse le col du Torugart à la frontière kirghizo-chinoise. Mais, à l'instant où le Tibet aurait disparu de ma ligne d'horizon, j'aurais ressenti que quelque chose m'avait échappé, que j'avais failli. Le sort en décidera autrement.

Un autocar à destination de Lhassa marque un arrêt devant moi. Comme je n'ai toujours pas d'autorisation, le chauffeur ne veut pas me faire monter.

Avec des gestes maladroits, il me fait signe qu'il lui est impossible de me prendre à bord. Son regard est distrait alors qu'il le faudrait plutôt ferme et concentré sur l'horizon de la route. Bon commencement pour un itinéraire qui prétendument, selon les guides de voyage, nécessiterait vingt-cinq heures de conduite ! Sa bouche un peu trop petite se pince à intervalles réguliers, ce qui n'inspire guère la confiance. Quelque chose de préoccupé dans son allure et de vague dans son regard rend ses gestes ambigus. Pourtant, pas d'autre solution, j'essaie de le convaincre.

C'est la fin de l'après-midi. Je suis déjà lasse de la rude journée que je viens de vivre et davantage encore de toute la période passée à errer dans la région. La jeune compagne ou épouse du conducteur, je ne sais trop, l'a compris et c'est elle qui prend finalement la décision de m'embarquer. Une fois montée à l'intérieur, elle m'aide à localiser sur une carte l'endroit où nous nous trouvons dans la province du Qinghai. Lors de cette pérégrination, chaque fois que je montrais ma carte fort imprécise de la géographie du Qinghai, achetée à la va-vite dans les grandes librairies de Wangfujing de Pékin, les gens pointaient vaguement un endroit, ne sachant pas la lire.

Je m'attendais à vingt-cinq heures de route, il y en aura finalement presque le double. Le conducteur me fera payer mon absence d'autorisation. Il jouira de son autorité nouvellement acquise en me taxant bien plus que les autres passagers. Mais, en regard des prix officiels et de ma liberté préservée, je n'en serai pas moins gagnante.

« Je pars ! »

3.

Sur la route

> Donne à l'oiseau secret qui niche dans ton corps un désir d'espace infini, donne du cœur à la raison, à l'âme une soif de miracle. Deviens le pèlerin du ciel avant que l'ange de la Mort vienne soulever le couvercle, sinon brûle-toi jusqu'à l'os. Le feu est un raccourci sûr pour atteindre le haut sommet.
>
> Attâr, *La Conférence des oiseaux*

Dès le départ, les Chinois hui égaient l'arrière de l'autocar. Les rires fusent, les railleries et quolibets à l'égard des Tibétains aussi. À l'avant, côté tibétain, l'atmosphère est au recueillement et à la méfiance. Une jeune fille discrète lit un manuel de prières et, de temps à autre, en récite quelques-unes à voix haute. Les uns à l'avant du bus, les autres à l'arrière; les deux communautés ne se regardent guère. Dans un même mouvement et sur la même cadence influencée par les aléas du revêtement de la piste, tous se balancent pour entrapercevoir l'horizon de la route. Les derniers rayons s'abattent sur les vallons, le paysage s'éteint peu à peu. Le ciel, plus lumineux par ce jeu de clair-obscur, apaise les esprits des plus agités d'entre nous. Le bus s'endort ainsi, en continuant d'avancer dans une semi-pénombre. Un coin veillera cependant tard dans la nuit, le coin des travailleurs hui. Les yeux fermés, éveillée comme dans un rêve, j'entends ralentir l'autocar aux entrées des villages. Sous la pâle lumière diffusée par quelques échoppes restées ouvertes sur le bas-côté et quelques salles regroupant des tables de billard, la vie nocturne perpétue son murmure.

Par les fenêtres laissées entrouvertes, les courants d'air sont frais et vivifiants. On sent dans le fond de ces minces échappées un petit air de tempête. Cet arrière-vent balaie de son souffle asséché les terres encore sauvages de l'ouest de la Chine. Venu du nord en une réminiscence du désert de Gobi jusqu'au Qinghai, il s'atténuera, lors de la conquête de l'Ouest : sur le Xinjiang des Ouïgours avec ses oasis du Lob Nor et du Tourfan, sur son désert du Takla-Makan. Ici, à la frontière de l'ouest, peut-être mieux que nulle part ailleurs en Chine, les visages racés, rebelles à l'uniformisation, excitent l'esprit de découverte et de conquête.

Notre route descend en ligne droite des hauts plateaux tibétains, s'étirant vers les moindres hauteurs mongoles en des vagues ondulantes. Ourlet de hautes chaînes bordières, composées des monts Kunlun, des massifs de Nan Shan et de l'Altyn Tagh que nous traverserons, l'interstice entre le plateau tibétain au sud et la grande dépression de l'Asie centrale au nord-ouest ne présente pas de difficultés majeures pour ceux qui le foulent.

Sur cette voie, entre le VIIe et le IXe siècle, à l'époque de Charlemagne et du calife abbasside Harun al-Rachid, à l'âge d'or des mouvements culturels et artistiques de la dynastie chinoise des Tang, des cohortes de cavaliers tibétains dévalèrent dans des chevauchées endiablées. Les rois appuyés par une redoutable armée mirent en place un vaste empire rayonnant au cœur de l'Asie, constituant ainsi l'apogée militaire de l'Empire tibétain des « rois selon le Dharma ». Ils rôdèrent à travers toute l'Asie centrale, au Pamir et au Népal, et s'emparèrent en 763, sous le règne de Trisong Detsen, de l'ancienne capitale chinoise Changan, l'actuelle Xi'an, au cœur même de la Chine impériale.

Au XIIIe siècle, la grand-route mena successivement les caravanes des lamas tibétains du monastère de Sakya (dont Sakya Pandita et son neveu Phagpa) à la cour mongole de Godan Khan puis à celle de Kubilay, tous deux petits-fils de Gengis Khan. Depuis 1247 se mettait alors progressivement en place la relation « prêtre religieux — protecteur laïc » appelée *chö-yön* (*mchod yon* en tibétain), à une période où des principautés locales rivales se partageaient le pouvoir au Tibet. Cette relation signifiait qu'« en échange de son enseignement et de l'initiation qu'il dispensait, un maître religieux jouissait de biens, de terres et/ou de pouvoirs qui lui étaient donnés en faveur de la Doctrine et de la pérennité de l'école, en même temps que la protection militaire par le disciple[1] ». L'école des Sakya puis celle des Gelugpa (à laquelle appartiennent les Dalaï-Lamas) accédèrent au pouvoir grâce aux soutiens militaires mongols. Par la suite, Kubilay conquit les territoires chinois, devint empereur de Chine et fonda en 1271 la dynastie mongole des Yuan. La soumission du Tibet à l'empire de la dynastie des Yuan n'est autre que la suite, logique pourrait-on dire, de sa soumission

1. Fabienne Jagou, *Pékin 2008. Le monde en jaune*, Éditions Érès, 2009.

à l'empire mongol de Kubilay. En se proclamant empereur de Chine, l'empereur mongol atteste davantage le prestige intellectuel et spirituel de la Chine d'alors que la soumission du Tibet à la Chine. Mais à ce titre, la Chine d'aujourd'hui affirme que le Tibet fait partie intégrante de la Chine depuis cette dynastie. Le type de relation avec un pays tiers qu'implique la relation *chö-yön* marqua l'histoire de la diplomatie tibétaine en ce sens que chacune des écoles religieuses existantes au Tibet rechercha désormais le soutien militaire de protecteurs étrangers pour évincer ses rivales. Ambiguë vis-à-vis des puissances étrangères, cette relation permit néanmoins la stabilité de l'identité nationale et un arrêt prolongé des invasions. La réorganisation du Tibet impulsée par Kubilay en 1260 ne sous-entendait pas son intégration à leur royaume. Selon les historiens, le Tibet ne figurait pas sur les cartes géographiques mongoles[1].

La relation *chö-yön*, qui fait appel à des notions religieuses, par nature intemporelles, mais dont les implications revêtent toutefois des enjeux politiques immédiats, occultera au cours des siècles suivants l'évolution des réalités des relations internationales et voilera de fait les véritables mobiles des ingérences étrangères. Cela rend périlleuses aujourd'hui l'analyse politique de cette période et la défense de la cause tibétaine devant les organismes de droit international.

La Mongolie demeura la pierre angulaire des relations sino-tibétaines jusqu'à la fin de la dynastie mandchoue des Qing et l'avènement de la République chinoise en 1911. Accédant au trône chinois en 1644, les empereurs

1. *Id., ibid.*

mandchous firent appel aux religieux tibétains pour soumettre les tribus mongoles, résistantes et menaçantes, mais néanmoins ferventes adeptes du bouddhisme tibétain. En 1792 eut lieu une réorganisation significative de l'administration accordant aux commissaires impériaux mandchous (*amban*) un droit de regard sur l'administration et la politique tibétaines. Puis le pouvoir des Qing ne cessa de décliner et aucune de leurs mesures ne fut appliquée par les Tibétains. Ce ne fut qu'au début du XXe siècle, avec la mission des Anglais à Lhassa et l'exil du treizième Dalaï-Lama en Mongolie puis en Chine, que les Qing s'intéressèrent à nouveau au Tibet. Pour la première fois leur intervention fut offensive.

Dès 1951, la grand-route fut stratégique. Dans les mois qui suivirent l'assaut chinois en octobre 1950 sur le Toit du monde, l'Armée populaire de libération assaillit de toutes parts le Tibet à partir du Gansu, du Qinghai, du Sichuan et du Yunnan. Pour faciliter le transport des troupes, on perça et on renforça les axes déterminants préexistants, de Xining à Lhassa au nord et de Chengdu à Lhassa plus au sud. Les paysans tibétains se virent contraints d'œuvrer à ces constructions en échange de quelques promesses de bon augure qui ne furent jamais tenues.

Dans un paysage où les fées de blé côtoient les mines de charbon, le vieux bus chinois file et se faufile entre montagnes et lits de rivière. Au petit jour grisonnant, les fenêtres du bus sont encore embuées de rosée et de respiration. Le vieil engin poursuit sa course folle sur l'immensité du plateau de l'Amdo et tente de satisfaire son avidité en kilomètres. L'insatiable désir d'être en route vers une destination inaccessible, jamais atteinte. De calmes paysages de désolation s'égrènent les uns après les autres. Les passagers, dont les yeux se réduisent à de minces fentes taillées dans un visage de bronze, se réveillent progressivement, engourdis par une première et longue nuit de voyage. Dans cette quiétude, je vis sous l'ardeur de la terre des cieux. La simple promesse de cette route aiguise mon désir. Les yeux brillants, je voudrais bien aller plus vite. Mon esprit, enflammé par mes précédentes et nombreuses lectures, est quant à lui déjà arrivé, et Lhassa semble apparaître au bout de l'immensité traversée. Dans deux jours seulement, après cinquante-cinq heures passées dans ce bus pour franchir un col de plus de 5000 mètres, j'atteindrai la ville du pèlerinage sacré : Lhassa.

Si la nuit je grelotte, le jour je transpire. Malgré la rudesse de nos rapports au départ, les conducteurs se révèlent sympathiques. Aussi me préviennent-ils d'un léger signe de tête que le moment est venu pour moi d'éviter de croiser le regard des forces paramilitaires lors du barrage de contrôle qui s'annonce.

Lhassa est encore loin et l'autocar n'a toujours pas quitté le sol du Qinghai. C'est l'arrivée à Golmud. Mieux vaut se cacher ici, lorsque l'on est une étrangère sans papiers et que l'on veut entrer au Tibet par la route au départ de cette ville. Golmud est assiégé, ses alentours sont noyés dans la masse grouillante et agitée de militaires, parfois en pleine lumière, parfois dans la pénombre. Crocs en avant, les chars bordent la route. En ces premiers kilomètres de la Qinghai Highway, les barrages sont omniprésents et les préposés aux contrôles filtrent chaque véhicule. Il a toujours été interdit aux personnes étrangères d'emprunter la liaison routière entre le Tibet et le Xinjiang; il en est de même depuis les émeutes de mars 2008 pour la route reliant le Tibet au Qinghai. Le train Pékin-Lhassa, inauguré à l'été 2006, est quant à lui autorisé mais, s'il longe la voie des camionneurs, il évite cependant les rangées de tanks. Un vent funeste souffle sur la destinée des peuples de l'Ouest chinois.

Planquée à l'arrière du bus, étendue sous un tas d'édredons rosés, sentant l'odeur de passé et de très souvent utilisé, tachés de crachats asséchés, je reste dans l'attente et la clandestinité. Une heure à ne pas bouger d'un cheveu. Le soleil vient frapper contre la vitre et embrase les édredons. Une deuxième heure passe. Je ne peux toujours pas bouger ni soulever ces lourds tissus qui brûlent mon visage et recouvrent ma bouche. Le soleil est trop violent. Il est midi. Incapable de lutter plus longtemps, je finis par m'endormir, tout engourdie et cramoisie. Les conducteurs viennent me chercher trois heures plus tard — et me trouvent ravie d'être enfin libérée mais avec un sacré mal de tête. Les gens du bus me sourient, m'applaudissent. Un premier obstacle a été franchi, une barrière s'affaisse soudain. En ne suivant pas les ordres de l'administration chinoise, je montre mon désaccord avec les politiques en place. Je deviens alors la protégée de tout l'autocar et pénètre dans un monde jusque-là dissimulé.

Les Chinois hui étant descendus à Golmud, mes nouveaux compagnons de fortune, montés au fil de la route, sont pour la plupart des cantonniers de l'Amdo. Ils sont déjà rompus, les reins douloureux. Le visage est meurtri par le travail et les saisons, grêlé par la variole. Il plane dans ce huis clos un air de désolation, d'attente. Les nouveaux passagers regardent insensibles le paysage défiler et, en silence, brûlent leurs cigarettes. Des fumées lentes épaississent l'air déjà vicié du bus. Quatre mille mètres d'altitude : à une telle hauteur, rien ne se cache, tout se transcrit. Négligeant la parole, les sentiments des hommes sont à vif à cause de la langueur du voyage, tout comme les rocailles du paysage sculptées par le vent qui mettent à nu l'histoire du lieu. Les raclements de gorge se rythment sur les vrombissements du moteur et de puissants jets de salive fusent entre les corps des passagers. Les têtes roulent. Les nuques se brisent. On tousse et retousse, on s'étouffe. Un vieux allongé à l'arrière est à l'orée de la mort. Personne ne s'en préoccupe. Sa vieille fait pourtant de grands gestes. Elle a ce regard qui vous transperce. Ce regard qui naît de la démence. Avec des yeux plissés qui ne laissent paraître aucune émotion, le vieux mari se penche par la fenêtre pour donner de ses poumons à la route. Une journée défilera ainsi dans l'attente. Une journée d'effrayante monotonie.

La frontière hautement contrôlée entre la province du Qinghai et la République autonome du Tibet étant depuis longtemps derrière nous, le conducteur s'accorde une halte. De petits villages sont parsemés sur le plateau dont l'unique finalité est d'offrir gîte et couvert aux routiers. Des baraques en bois accueillent les convois qui s'y arrêtent et des tables de billard sont à la disposition des badauds égarés en mal de divertissement. Autour de ce camp, le sol est jonché d'une foule d'objets inattendus. Des caisses en bois éventrées, de vieilles chaudières, des cuvettes de toilette ébréchées, ou encore des morceaux de ferraille et des pièces de moteur rouillées. Un couple de motards, la femme drapée de la longue robe traditionnelle tibétaine et l'homme préférant garder son casque à la main, démarre en trombe sur une copie de Harley Davidson. Les fanions suspendus à l'accélérateur s'envolent dans les airs. Toutes les têtes se tournent sur leur passage.

C'est ici, dans ce mélange d'odeur de gas-oil et de crottin humide de cheval, qu'échouent des familles entièrement tournées vers le voyage, souvent d'origines mélangées, des pères venus des provinces chinoises à majorité musulmane et des mères tibétaines qui portent le voile. Le transfert de population orchestré par les autorités se ressent pleinement sur les bords de route. Seule l'arrivée de voyageurs dans le baraquement rythme la vie des tenanciers. Ils attendent, nous autres emportés par la route y faisons escale. Les individus rencontrés, parfois des voyageurs comme nous, parfois non, semblent appartenir aux solitudes tibétaines. Les gens d'ici ont dans les yeux un rien qui les attache à l'horizon. Leur couleur est le reflet du paysage de leur vie : de la teinte verte prise aux régions agricoles de la Yarlung à celle de l'ambre des hauts plateaux rocailleux. La menace qui pèse sur l'existence de leur communauté loge dans leur regard, dans l'étincelle de rébellion et dans la lueur de fragilité que l'on peut y déceler. Avec leur beauté aussi fragile que des cristaux de glace, avec leur souffrance à vif, les Tibétains demeurent imposants dans ce paysage minéral. Ancrés dans les déserts de l'Amdo, ancrés à la terre des solitudes mais eux aussi emportés vers un avenir des plus incertains. Leur tenue de cow-boy, santiags et complet en cuir à franges, relève d'un autre temps. Des cow-boys déchus, presque misérables. Leur esprit se fixe sur la ligne d'horizon nuageuse, comme pour éviter de voir leur condition de survie se dégrader au quotidien. Un destin qui leur échappe. Un air du bout du monde.

Une pluie fine s'abat à présent sur les baraquements, le vent souffle par rafales, alors que les derniers rayons du soleil embrasent les flancs des montagnes et couvrent de perles d'or la vallée. Les saisons balaient la petite vie autour de la route sans la faire frémir. Notre groupe improvisé s'achemine vers une des baraques. Il se compose de la jeune fille qui récite les prières et se prénomme Drolma, d'un père et de l'un de ses deux enfants. L'un des fils restera dans le bus, il est trisomique et ne descend jamais aux haltes. L'autre, Mintzé, a la vingtaine et porte des vêtements de cuir. Les traits de son visage sont aussi fins que ceux d'une femme. Cheveux noirs, lissés et laqués en arrière, sous son habit de cow-boy se dévoile une âme bienveillante. Les cantonniers qui s'étaient joints à nous lors de notre passage descendent et s'échappent par-delà les palissades du village routier. C'est Mintzé qui après avoir passé en revue l'ensemble des baraques a choisi de jeter l'ancre dans une des cantines. Inquiète, Drolma veut savoir si les propriétaires de la cantine retenue sont tibétains. Des posters en plastique représentant le Potala ornent les murs : rassurée, elle me prend par le bras et nous pénétrons à l'intérieur.

Pressés autour d'un poêle que de maigres brindilles alimentent, nous ne réussissons guère à nous réchauffer. La tenancière nous sert immédiatement de l'eau chaude. Un vieux Tibétain à la peau craquelée est assis dans un coin de la pièce. Après avoir lancé un œil circonspect dans ma direction, il demande ce que je fiche ici parmi cette famille de Tibétains. Ce soir, autour du poêle, nous aurons tous droit à une bonne soupe aux nouilles et, rassasiés, nous remonterons péniblement dans le bus.

Les gens d'ici vivent sous couvert d'une paix provisoire et le temps s'écoule lentement. Nous autres passagers, nous progressons, prisonniers dans un vaisseau qui file à l'aveugle.

À chacune de nos haltes, de nouveaux cantonniers tibétains aux bouilles crasseuses et aux vêtements déchirés s'amassent à l'arrière du bus. La plupart n'atteindront jamais Lhassa mais s'arrêteront au village le plus proche. Parfois, le bus stoppe, le conducteur ayant vu, à cinq cents mètres de la voie, un feu de bois, tels des feux de Bengale flamboyant en pleine nuit. Ce sont des nomades Goloks qui attendent un passage. Parfois, un cri provenant du lointain retient son attention. Par rafales, le cri du berger fend l'opacité de la nuit et marque l'arrêt du convoi. Nous autres, dans ce vaisseau d'infortune, nous attendons qu'il se rapproche, scrutant le noir de la nuit et peinant à deviner les ombres qui se dessinent dans cette masse opaque. Les hommes montent, paraissent surpris de me voir allongée parmi les passagers, puis grimpent sur les plates-formes. Nous poursuivons la route jusqu'à ce qu'une nouvelle fois la terre s'embrase ou que le cri raie notre sommeil.

Survient un autre contrôle militaire sur la route, beaucoup plus angoissant que les précédents. Le jour, le soleil aveugle et empêche de voir le danger qui se rapproche de vous. La nuit, le bus est calme, les passagers sont endormis. Le moindre bruit prend des aspects mystérieux, suspects. Au travers de la couverture rose posée sur mon nez, je vois se rapprocher les faisceaux des lampes des policiers. Je ne les savais pas à l'intérieur du bus. Ils le fouillent de fond en comble, braquant leur torche sur des passagers maussades qui se réveillent brusquement. Que recherchent-ils? Des armes? Des étrangers révoltés? Il est vrai que les poignards ont été interdits dans la province du Kham mais ces manœuvres-ci se font plutôt dans l'optique d'intimider, voire de persécuter la population locale, que de récupérer des armes. Ils se rapprochent de ma cache, mon cœur s'accélère. Le moindre bruit, le moindre geste qui soulèverait ma couverture sonnerait la fin de mon aventure céleste. Les rayons lumineux aux reflets bleutés se jettent d'un seul coup sur ma couverture, je ne respire plus, je ne bouge plus. Ils finissent par s'éloigner aussi vite qu'ils me sont apparus. Finalement, je suis passée inaperçue. Je reste encore quelque temps sous les couvertures mais la menace est oubliée. Je m'accorde le droit de pointer mon nez dehors. À travers les vitres embuées par le contraste de température entre l'extérieur froid et la chaleur humaine de l'intérieur, emplie de «cette nostalgie du pays qu'on ignore, [de] cette angoisse de la curiosité [1]», je me laisse absorber par les pans de ciel glacé et pleinement étoilé. Ce soir, ce ciel sera mon toit. Je m'endors, la tête dans les étoiles.

Dans la marche solitaire de l'autocar, une houle de souvenirs agite mon esprit. La certitude d'être sur la

1. Charles Baudelaire, «L'Invitation au voyage», *Petits Poëmes en prose*, Poésie/Gallimard, 1973.

bonne route occulte de fait les tiraillements tourmentés et précipités de l'âme et favorise la contemplation.

Après avoir parcouru les routes du monde, des mosaïques caucasiennes jusqu'aux contreforts himalayens, des mosquées iraniennes aux temples hindouistes, avec des escales en Amazonie et au Sahara, je ressens un apaisement à contempler les horizons des cimes enneigées : cette méticuleuse observation fortifie en moi des idées qui avaient été jusque-là présentes mais dont le sens demeurait insaisissable.

On n'apprivoise pas de tels paysages sans patience. Ce paysage est aussi celui du Chang Tang de l'Inde que j'ai maintes fois traversé avec mon père, étant plus jeune, pendant les vacances estivales. Nous nous étions alors liés d'amitié avec des familles tibétaines, recomposées à la suite de la tragédie des années 1950 ou habituées à la transhumance sur l'autre versant de l'Himalaya. Les exilés avaient franchi la frontière laissée délibérément ouverte par les gardes indiens de l'époque. La plupart de ces familles nomades vivent désormais avec leurs troupeaux à plus de 4000 mètres d'altitude dans les vallées du Ladakh, du Rupshu et du Lahaul. D'autres se retranchent en sédentaires dans les camps pour réfugiés tibétains à quelques kilomètres de la ville de Leh. Mon père et moi avions effectué plusieurs tentatives pour nous rendre au Tibet mais toutes s'étaient soldées par des échecs pour des raisons sans rapport avec la politique. Et trop longtemps je m'étais résignée à ne lire que des récits de voyage, des romans d'aventures sur le Haut Pays. Le Tibet, une destination sans doute mythifiée… Des personnes qui vous racontent leur vie dans des récits empreints d'une grande sensibilité et parfois d'innocence. Des personnes attachantes qui se glissent en vous et vous hantent des hivers durant. «Tous nos rêves d'enfant sont à reprendre pour qu'ils gagnent leur plein essor de poésie», écrivait Gaston Bachelard. Une nouvelle fois, je goûte à la lumière et au parfum de ces étendues.

Dans les déserts tibétains comme dans tous les déserts du monde, on pourrait rêver de courir librement à travers les espaces. Mais dans quelle direction aller? Impuissant face à l'illimité de l'horizon, l'esprit se calme. On ne désire plus atteindre un point prochain, on apprécie le moment présent. On s'harmonise pour un temps avec la nature et on touche au bonheur. Le désir chez un individu conduit à un état de souffrance et d'insatisfaction perpétuelle, précisent les Écritures bouddhiques. L'instant de quiétude effeuillé devient alors une éclaircie, le signe avant-coureur d'un possible changement à venir. En paix avec lui-même, le corps est davantage disposé à l'accueil aux autres, non qu'il s'adapte à l'environnement, mais plutôt qu'il se renforce et se recentre. Je m'abandonne tout entière, saisissant au vol cet écho venu d'un autre horizon.

La seconde journée dans l'autocar nous endort. Le voyage est long, les haltes sont courtes. Les oreilles habituées au vrombissement du moteur ne discernent pas grand-chose et les yeux prennent la mélancolique habitude de fixer le paysage minéral. En position semi-allongée, les genoux croisés haut l'un par-dessus l'autre, les deux mains derrière la tête, nous regardons et nous attendons. Il n'y a rien d'autre à faire. Un long après-midi de silence, entrecoupé de précieuses minutes d'observation de la faune. C'est le vieux père de famille dont l'acuité du regard permet de discerner le moindre mouvement entre les roches qui nous tire de notre léthargie et, patiemment, nous montre par la fenêtre des troupeaux de yacks et les antilopes chiru en voie d'extinction car braconnées pour leur laine. Il y a aussi des kyangs sauvages, animal proche de l'âne mais dont les bonds sont plus gracieux que ceux de son cousin. Le vieux quant à lui vacille de plus en plus au fond de l'autocar. Après avoir arraché un peu de ses poumons par la fenêtre, il reste allongé en travers de l'allée, ne pouvant plus se soulever. Sur la voie circulent de nombreux convois militaires. Les autres véhicules croisés sont des camions de marchandises. On ne rencontre sur la voie routière de l'Amdo ni pick-up bondés ni camions avec des pyramides de corps amassés sur le toit bâché, comme on pourrait en voir sur les routes sillonnant l'Himalaya, de l'autre côté de la frontière, sur les versants indiens, népalais et pakistanais. Quant aux rares voitures, ce sont des 4×4 Mitsubishi transportant des touristes chinois dotés d'équipements des plus performants. Le revêtement de la route est bon. Cependant, à certains passages elle reste remplie d'ornières ou bien ce sont de gros blocs de pierre qui se trouvent en plein milieu de la voie. Notre convoi n'attend pas que les quelques ouvriers les dégagent. Le conducteur descend dans le fossé, d'un unique et brusque coup de volant. Le bus se faufile entre les rocs avant de poursuivre sa route. La santé du vieil homme se dégrade. Son visage prend une nuance gris cendré. Le corridor de l'autocar où s'amoncellent graines de tournesol, coquilles d'œufs et autres détritus pourrait devenir en un instant une chapelle ardente. Sa vieille ne supporte plus de le voir ainsi, mourant dans l'indifférence générale, et s'affole de plus en plus. Des éclairs d'effroi déchirent son regard par intermittence, ses pupilles ont l'éclat que l'on perçoit dans les yeux des fauves traqués, qui, tapis dans l'ombre, tentent d'échapper à la fatalité. Ni larmes ni lamentations chez cette vieille dame au costume traditionnel tibétain impeccable. Elle préfère se jeter corps et âme dans la déraison. Silencieusement, elle se précipite sur le conducteur pour le mordre. Le regard de la vieille dame est perdu, submergé par la démence sénile. Les autres passagers peinent à la dégager.

Cet incident se produit alors que nous traversons un village. Chance pour le conducteur ou malchance pour moi, des policiers se tiennent sur la chaussée. À peine le père des deux garçons présent à mes côtés a-t-il le temps de m'aplatir contre la vitre et de me jeter à la face quelques couvertures, que les agents grimpent déjà. J'ai seulement pu les voir tourner la tête vers l'intérieur de l'autocar avant d'être ensevelie sous la couverture. Grâce aux réflexes de mon comparse, j'évite de justesse leur regard. Une fois ces derniers partis, Mintzé à force d'attention et de prévenance réussit à calmer la pauvre femme et reste près d'elle, lui bloquant ainsi les deux allées du bus. Elle reste barricadée au fond. Élan de rires et de tendresse de la part de tous les passagers me voyant me débattre une fois de plus sous les couvertures nauséabondes.

Situé à 5180 mètres de hauteur, le passage du col du Tanggula nécessite une dizaine d'heures de montée. C'est une étape importante du trajet. Une fois ce col franchi, on délaisse les monts qui portent le même nom pour redescendre. Cap au sud : le bus dévalera vers le lac Namtso, sans approcher toutefois ses rives, puis ce sera Lhassa. Le col du Tanggula est sacré, comme tous les cols de l'Himalaya. Drolma, Mintzé et moi, tels trois enfants en sortie scolaire, courons à l'extérieur, bravant le vent des cimes. Un *chörten* célèbre le passage. Faire trois fois le tour, jeter quelques brindilles de genévrier dans le feu en l'honneur des dieux et crier des «*So so lha gyalo!*», «Victoire aux dieux!» nous garantira une bonne fin de voyage. Nos rires en cascade se répercutent sur les parois du Tanggula et dévalent ses flancs. L'ivresse des hauteurs nous atteint de plein fouet. Le père de famille comme les conducteurs sont remplis de joie en nous regardant nous amuser. L'air ébahi, des touristes chinois nous observent aussi, sans oser interrompre notre manège. Malgré le sentiment d'avoir franchi une étape importante sur le tracé, ma joie est contenue. Le mal d'altitude commence à m'affecter sévèrement; il me clouera dans ma couchette pendant douze heures de suite. Je demeurerai inerte et tremblotante, sous l'œil désolé des autres passagers.

En fin d'après-midi, nous dépassons l'embranchement du lac Namtso et le convoi file le long de la rivière et de ses vallons. L'altitude est plus basse, l'air plus humide. On pressent la fin du voyage, l'arrivée à Lhassa.

Combien de fois sur la route n'ai-je pas scruté l'horizon pour voir se dessiner au loin le monticule du Potala? Pourtant, alors que s'annonce le tumulte de la vie urbaine, je voudrais que ce moment ne cesse jamais.

Lhassa. L'imposante cité himalayenne est gardée par des chiens aux crocs saillants. De nouveau, je m'enfouis sous les couvertures pour parcourir les derniers kilomètres. La nuit est tombée, impatiemment tout le convoi braque ses yeux sur les faubourgs de Lhassa, à une exception près, moi. Quelle frustration de ne pas pouvoir sortir la tête au moment même où le bus s'engage enfin dans les avenues de la ville tant désirée. Notre véhicule s'arrête, je ne sais rien, je n'ose rien. J'attends en silence. Pour ne faire courir de risques à aucun des passagers tibétains, les conducteurs me laissent encore quelques minutes m'essouffler sous les couvertures, le temps que tout le monde prenne ses bagages et s'en aille. À la descente, ma petite famille ne m'aura pas attendue, trop impatiente de retrouver les siens. Qui ne serait pas enclin à poursuivre son chemin, totalement libre, sans pour autant devoir être jugé ?

Contenant ma déception, je marche enfin dans les rues tant attendues. Celles-ci sont désertes et obscures. Il est vingt-trois heures. Les conducteurs m'indiquent une direction à suivre, je me noie dans le quartier du sud-ouest de Lhassa. À l'aveugle, je traverse la ville à pied. Aucun taxi n'est libre et très peu de rickshaws circulent à cette heure tardive. Des patrouilles de police vont immanquablement surgir, il sera alors trop tard pour me cacher. L'air de rien, je tente de passer incognito, avec mon sac sur le dos, et glisse dans les rues aussi silencieuse qu'une chatte de gouttière.

Une Tibétaine à peine plus jeune que moi déboule d'une autre rue ; elle cherche également un moyen de locomotion pour aller dans le centre de Lhassa et me guide jusqu'à une grande artère. Nous grimpons à bord d'une navette omnibus de la ville.

En cette veille des Jeux olympiques 2008, le Potala est éclairé. Vision majestueuse, vision féerique de toute-puissance que ce palais, trônant dans sa splendeur et sa magnificence sur la ville endormie. Les fantômes des hauts dignitaires du passé semblent conserver un œil ouvert sur le sommeil des habitants de Lhassa. Car aujourd'hui le Potala n'est plus qu'un musée. Le minibus marque un arrêt à son pied.

Surgit un homme brûlé. Il fait irruption dans l'autocar à ce moment précis, au pied du Potala. L'intérieur du minibus est dans la pénombre, seul un réverbère éclaire le visage de l'individu à travers les vitres. Derrière des lunettes de soleil, des yeux dépourvus de sourcils. Un masque antipoussière camoufle sa peau ravagée qui part en lambeaux. Sous un chapeau, on devine ce qui reste de sa chevelure calcinée. Pourquoi cet individu est-il dans un tel état ? Je ne le saurai probablement jamais. Victime d'exactions causées par les forces répressives ? Accident de cuisinière ? Beaucoup de possibilités existent. Mais, alors que les files de camions militaires circulent devant le Potala et que la ville est en sursis, la vision de cet homme brûlé prend une dimension symbolique. Après cinquante-cinq heures passées dans un autocar, l'émotion est à fleur de peau, je suis harassée et mon esprit s'embrouille. Est-ce le signe que j'attendais ? Les gens qui me sourient alors que je grimpe à bord me paraissent soudainement réservés, soupçonneux, voire inhibés. Deux mondes se font face, celui de la résistance silencieuse et de la persécution policière constante et celui des apparences. Cet homme est quant à lui à la croisée de ces deux sphères, il ne peut plus faire taire le malheur latent, il en est la manifestation la plus visible, la plus humaine. Mes compagnons de route m'avaient déjà donné des indices sur l'existence du combat qu'ils mènent au quotidien, mais ma clandestinité ne me permettait de voir qu'un de ces deux versants de la réalité. Ce soir, me retrouvant dans les rues de Lhassa, je mesure la portée de l'autre versant. Cette réalité-là m'atteint juste sous les côtes, à l'endroit même du cœur. Car, avec cet homme de cendres, c'est toute une civilisation que le souffle de l'histoire emporte.

En venant à Lhassa, je n'imaginais pas découvrir des choses ignorées sur la situation politique et sociale, surtout en cette période de haute surveillance et de fortes pressions, pendant les Jeux olympiques. Les gens, qu'ils soient tibétains, han ou hui, ont peur de parler aux étrangers. Mais que puis-je ressentir face à cet individu ? Crier d'effroi devant tant de monstruosité ou prendre le temps d'effleurer la blessure et chercher sous ses plaies les traits de la vie en sursis ? Ne pas chercher à rendre l'horreur mais redonner une voix à la vie qui persiste et que le destin prétend détruire.

Pour l'heure c'est un individu de cendres qui descend, et je descends à mon tour. Il est bientôt minuit. Il est grand temps pour moi de trouver un toit pour dormir. Je tente de trouver un des hôtels répertoriés dans mon guide de voyage. Par chance, la fatigue a envahi les yeux du réceptionniste tibétain de l'hôtel choisi. Je dois moi aussi avoir l'air épuisé. Il me donne la clef d'une chambre et je m'en vais. Par chance encore, il ne cherche pas d'explication à l'arrivée imprévue d'une jeune fille seule, visage déconfit, sac sur le dos, à minuit, et oublie de me demander les documents obligatoires : photocopies du passeport, du permis, du billet d'entrée au Tibet.

4.
« Notre-Dame-des-Rumeurs »

Dès l'aurore, j'entends de mon lit des cris s'élever dans la cour de l'hôtel. Des cris, vifs et sauvages, qui portent au loin. Je ne les connaissais pas dans les villes. Ces premiers instants qui habitent le dépaysement sont un joyau dans le voyage. Ils activent l'esprit d'exploration : ici, je suis une inconnue et là-bas, je le serai encore. Un univers entier reste à découvrir.

Je me perche sur la balustrade de la terrasse du premier étage : c'est un Khampa qui a haussé la voix. La main sur la hanche, à l'emplacement où se tenait jadis le poignard du guerrier, il marchande le prix d'un sac de *tsampa*, de la farine d'orge. Dans la petite cour de l'hôtel, à l'abri des regards, on vend et on achète. Marché noir ou marché tout court. À l'aide d'un canif, l'homme fend le sac sur le haut puis goûte la farine. À quelques mètres de là, des poules sortent la tête de leurs cagettes. La colère du Khampa est feinte ; ce n'est qu'une stratégie pour faire baisser le prix du sac en jute. Les uns goûtent, les autres regardent indécis. Finalement, le compte est bon. L'un repartira avec la farine et l'autre avec les poules. Lhassa ville se réveille aux sons de ses marchands, des cris que l'on pousse et des poules que l'on vend.

À quelques mètres de là, en silence et traînant les pieds, des groupes de grossistes déambulent vers leurs étalages défaits du marché de la veille. Un détaillant, trop endormi ou absorbé par sa conversation avec le voisin de boutique, place sans prendre garde des sucreries sur un étal qu'un garnement assis en dessous de la paillasse vole une à une, à mesure que l'autre les répartit. Une fois le subterfuge découvert, le gosse est chassé par des bordées d'injures et autres vociférations qui suscitent des éclats de rire. Débris, feuilles de chou ou vieux balais jonchent le sol. Des chiens les reniflent et repartent un bâton entre les crocs, la queue frétillante. Je flâne dans le dédale des rues sans vraiment savoir ce que je recherche. Entre les sacs en jute remplis d'herbes pour la cuisine, entre les déballages d'antiquités véritables et les bijoux en toc, entre les carcasses mal dégrossies de viande fraîche. L'odeur des abats se mêle aux senteurs d'encens et de thé, aux effluves du beurre de yack. Parfois les ruelles sont si alambiquées que je me perds et me retrouve à mon point de départ. Je croise un Lhassapa qui a l'air de savoir où aller. Il cavalerait presque, cet homme au manteau couleur bordeaux, aux longs cheveux teints à l'encre de Chine et perlés de turquoises. Je tente désespérément de suivre celui qui porte dans les cheveux la couleur lagon des lacs tibétains. Très vite, les ruelles se remplissent d'individus, toutes convergent vers un même axe. C'est ainsi qu'à la croisée de ces chemins, perdant définitivement mon acolyte, je découvre la kora du temple du Jokhang, un des circuits de pèlerinage les plus sacrés et fréquentés à Lhassa, avec celui du Potala. Un flot d'individus se déverse au petit jour dans la grande rue qui entoure le Jokhang, dans le sens des aiguilles d'une montre, plaçant ainsi le temple à leur droite, en signe de respect. Inexorablement, ils échouent tous sur le passage sacré, animés par la foi.

Le sanctuaire du Bouddha a été construit au début du VIIe siècle par le très respecté roi Songtsen Gampo, sur la volonté de son épouse originaire du Népal, elle-même devenue divinité auprès du peuple tibétain. Les pèlerins viennent vénérer la statue du *Jowo* sertie de pierres précieuses et recouverte par des lamelles d'or, statue du Bouddha Sakyamuni sculptée en Inde et apportée en dot en 641 par la princesse Wencheng d'origine chinoise, une des cinq autres épouses du roi. C'est la seule statue demeurée intacte lors de la complète mise à sac du temple par les gardes rouges pendant la Révolution culturelle car le mariage de la princesse chinoise avec le roi Songtsen Gampo atteste les liens existants entre le Tibet et la Chine depuis cette époque. De petites chapelles en petites chapelles, les divinités statufiées en grandeur réelle observent d'un œil parfois approbateur, parfois soupçonneux, la foi des croyants. Une pèlerine me pilote et, derrière une vitrine renfermant une statue d'une divinité, elle m'incite à me prosterner. Une biche s'est gravée dans le mur. « Elle est apparue d'elle-même ! Sans la main d'un artiste », me lance-t-elle. Y croit-elle vraiment ? Ou dit-elle cela comme une parole répétée mille et une fois au fil des âges ?

La légende veut que le Jokhang soit le cœur d'une ogresse, personnification de la force, clouée symboliquement au sol par quatre temples. Deux de ces temples se trouvent à Lhassa et sont le Marpori ou «colline rouge» sur laquelle se dresse le Potala, et le Chakpori ou «montagne de fer» qui se situe en face de cette dernière. Le troisième est au Kongbo, dans le Tibet oriental. Le quatrième au Bhoutan.

Pour l'heure, si aucune ogresse vissée au sol n'est visible, ce sont des pèlerins et des moines qui entrent et sortent les mains chargées d'offrandes et de beurre de yack, servant à allumer les lampes à huile à l'intérieur des monastères. Dehors, les gens se prosternent, se cambrent, se couchent. Ils aspirent à purifier leur âme des souffrances, à les épuiser en les assumant. À terre, deux mains, deux genoux, un front. Cinq points pour cinq poisons de l'esprit. Haine, désir, ignorance, orgueil, jalousie. En appuyant ces cinq parties du corps contre le sol, on pense : «Puissé-je "ramasser" les souffrances de tous les êtres et les épuiser en les assumant.» On les transforme ainsi en les cinq sagesses correspondantes. Aux quatre points cardinaux du temple, les *darchen*, des mâts de prières, semblent vouloir indiquer la direction à suivre. Enfin, face à l'entrée du temple du Jokhang, un pilier témoigne du traité de paix datant de 822 entre les Tibétains et les Tang, il garantissait la plupart des conquêtes du règne du roi tibétain Tri Rapalchen, qui dura de 815 à 838.

D'emblée, je ne connais pas les codes de ralliement de la pratique de cette religion et me laisse emporter à mon tour par l'affluence. J'en suis le courant. Rapidement, j'en devine certaines clefs, des clefs qui s'appréhendent par une curiosité et un œil aiguisé aux moindres faits et gestes de mes voisins. La foule se reconnaît dans ses rites et coutumes. Mais moi, de cette foule, je n'ai vu aucun visage, je n'ai gardé personne en mémoire. Et comme à l'ordinaire, le cortège s'élance pour cinq tours voire davantage autour du temple en faisant les prosternations d'usage. Des spectacles nouveaux surgissent, et d'autres sont plus familiers. Un homme amputé d'une jambe se plaque au sol, se relève d'un geste vif et rapide, s'aplatit de nouveau. Par des ondulations de tout son corps, il fait son pèlerinage comme d'autres la brasse. Des rumeurs retentissent, récitées à voix haute. Le Jokhang, écrivait Victor Segalen, «Notre-Dame-des-Rumeurs[1]». Certaines sont emprisonnées dans le tumulte de la ville, d'autres réussissent à s'échapper pour arriver distinctement à mes oreilles. Des psalmodies insaisissables et religieuses, à la fois litanies de recueillement et hymnes à la résistance sortis tout droit de l'histoire ancestrale du Tibet. Dans cette période de brutalité et de sombre répression où la pratique de certaines coutumes est réprimandée, les mantras apparaissent encore plus purs et sacrés, et leurs énonciations apaisantes. Ils se déroulent et s'enroulent dans l'infinité de la répétition comme ces moulins à prières que les gens font tourner sans cesse au cours de la journée. Mais, dans la récitation des «*Om mani padme hum*[2]», le désespoir et la lassitude face aux outrages de la vie vibrent déjà sensiblement.

Dans les années qui suivirent la fin de la Révolution culturelle, au tournant des années 1970 et 1980, les

1. Victor Segalen.
2. Mantra du bodhisattva de la compassion qui signifie «Ô toi joyau dans le lotus».

croyants bouddhistes avaient montré une soif inaltérable de sacré et une pratique revigorée des coutumes religieuses. La religion était restée un ferment de leur identité et sa renaissance tolérée traduisait le renouveau du nationalisme tibétain. Quelques mois seulement se sont écoulés depuis les émeutes de mars 2008 et l'enthousiasme lors des rituels est fiévreux.

Engloutie par la marée de croyants, je pénètre sur la scène et deviens une figurante. La procession longe des maisons traditionnelles avec à leurs pieds des échoppes. Je continue de tourner autour du Jokhang. Perdue au premier tour, éblouie au deuxième, je redécouvre ces maisons au troisième tour. Les larges bâtisses blanches aux fenêtres carrées qui sur le trajet de la kora du Jokhang me paraissaient si belles et intactes sont en réalité dévastées de l'intérieur. Certaines ont été endommagées lors des émeutes de mars 2008. Parfois une suie noirâtre recouvre les murs des façades brûlées. Parfois, les carreaux des fenêtres sont brisés, ou des pans entiers manquent aux édifices. Et soudain, je comprends que ces maisons, merveilleuses deux secondes plus tôt, ne sont que des copies d'un style pseudo-tibétain.

Les couleurs qui tapissent le décor et recouvrent les habits sont éblouissantes : turquoise et corail des vêtements, rouge des nattes en fils de laine dans les cheveux, safran des robes des nonnes. Les individus avancent d'un bon pas et les observateurs deviennent instinctivement des acteurs à leur tour. On suit le cheminement du groupe, on pense enfin appartenir à une communauté, mais en réalité on n'a rien compris, rien vu. Du moins, pour l'instant. La gentillesse du premier venu ou la curiosité du second peut masquer la vérité du lieu mais les quelques maisons détruites qui bordent la kora vous rappellent qu'en ces rues se joue une partie de jeu d'échecs meurtrière. À chaque maison qui brûle, c'est un peu moins d'espace pour les individus de l'autre camp. Un habitat tibétain détruit par les flammes sera dans la plupart des cas remplacé par un bâtiment chinois plus moderne. Le Lingkhor, l'ancienne ronde rituelle autour du Jokhang, à quelques kilomètres d'ici, a déjà disparu sous les nouvelles constructions. Chacun avance ses pions sur l'échiquier mais ce sont les nouveaux arrivants qui ont l'avantage sur les natifs.

La résignation ne se lit pas sur les visages et le pèlerinage autour du Jokhang revêt presque les allures d'une fête. Dans le flot apparemment uniforme des croyants se distinguent insensiblement des individualités. Les vieillards, joignant les mains en signe de recueillement, sont les plus matinaux. Alors qu'ils finissent leur pieux sentier, les plus jeunes commencent seulement d'arriver. De robustes Khampas lancent dignement en l'air leur moulin à prière. Imposants dans leur long manteau serré à la taille, ils cadencent leurs pas du même rythme que celui de leurs aïeux. De braves vieilles, toutes recroquevillées sur elles-mêmes, avancent avec peine mais s'arrêtent à chaque coin du temple pour jeter quelques brindilles de genévrier sur un tas de cendres fumantes. Et puis des femmes tibétaines à l'allure d'amazone, tête tressée, chapeau haut sur la tête, *tchouba* plantée sur les reins, la taille haute, bondissent à leur tour d'un pas libre, un *mala* [1] à la main.

1. Rosaire tibétain.

Formant généralement des groupes, ceux qui remplissent leur devoir religieux le font dans une assez grande convivialité. Ce rituel n'incombe pas seulement aux habitants de la ville mais aussi aux milliers de pèlerins qui chaque année, depuis des siècles, traversent le Tibet d'ouest en est. Certains sont à genoux, d'autres à plat ventre sur les grands chemins. Au quotidien, une méfiance séculaire voire, des railleries et des stéréotypes persistent parfois aujourd'hui entre gens de Lhassa et gens de Shigatsé, entre Khampas et Lhassapas. Mais tous ici honorent les mêmes divinités et de la même manière. Sur ces quelques kilomètres de kora se brassent et s'amassent les espérances d'un seul peuple.

Le Tibet, une contrée de l'imaginaire religieux, de l'âme à jamais apprivoisée ? D'Ibn Battuta qui en effleura les pentes de glace à Marco Polo dont *Le Devisement du monde* affirme que « les lacs contiennent des paillettes d'or [...] et que s'y rencontrent les plus puissants enchanteurs », de Jacques Bacot qui s'aventura vers Népémakö, terre promise sur les marches tibétaines, à Gustave-Charles Toussaint qui pénétra les mystères des Écritures bouddhiques, le Tibet a toujours fasciné l'Occident. La solitude de la montagne tibétaine pénètre d'une plénitude divine quasi ascétique tout voyageur étranger avide de comprendre le tumulte de la vie. À l'ombre des cavernes monacales, tout contre les *thang-ka* aux fabulations magiques parfois menaçantes, attentif pourtant à sa liberté de pensée, le promeneur se trouve lui aussi animé du soupçon mystique qui inspire le croyant tibétain qu'il rencontrera sur sa route. Celui qui rampera au sol, baisant les pieds des bodhisattvas, l'âme passionnée et exaltée. Le voyageur devient à son tour pèlerin à l'âme tout entière tournée vers les dieux.

À Lhassa, au cours de l'été 2008, rares sont les étrangers qui se promènent sans appartenir à un groupe de touristes. Très vite, je deviens un objet de curiosité parmi les pèlerins, me sentant tout particulièrement à l'aise dans le rôle de jeune candide. L'hospitalité, la curiosité font partie des coutumes tibétaines, une tradition commune à beaucoup de peuples des montagnes. Cela me rappelle les fermiers du Caucase et les Quechua des cordillères sud-américaines que j'ai croisés au cours de mes voyages antérieurs. On arrive dans un lieu perdu en haute montagne, un peu déboussolé après une dizaine d'heures de marche, et les nobles montagnards vous offrent un toit pour dormir et des *khatchapuris* [1] à croquer autour du poêle alimenté par des bouses de vache séchées. En échange de quoi, vous trairez les vaches le lendemain ou offrirez un peu de ravitaillement qui améliorera leur quotidien.

Dans ce même élan de curiosité, une gamine de douze ans me prend la main et m'emmène vers sa grand-mère. Curiosité évidente pour une enfant mais pourtant risquée par les temps qui courent. Sa main se cramponne à la mienne puis la petite se lance dans un flot continuel de paroles en tibétain. Elle m'inonde de toutes sortes de questions : « Qui es-tu ? Que fais-tu ici ? Vis-tu avec tes parents ou es-tu mariée ? » Nous voyant constituer un groupe peu ordinaire, d'autres femmes nous lancent des sourires engageants. L'enfant, loin d'être timide pour son

1. Galette géorgienne garnie de fromage local, le *tsuluguni*.

âge, leur explique ma présence ou du moins le peu qu'elle en sait. Elle serre ma main d'autant plus fort que notre groupe tend à s'élargir. Heureuse d'avoir trouvé une amie quelque peu différente de ses camarades d'école, elle ne veut pas me voir m'éloigner. À peine me connaît-elle qu'elle me donne toute sa confiance. Nous tournons encore quelques fois autour du temple avant de nous glisser dans une maison de thé.

Le *go-yol* soulevé, voile de pudeur séparant la rue de l'intime, une accalmie est retrouvée. Quelques voix féminines chuchotent dans l'arrière-cuisine, les rumeurs de la rue s'estompent. Des rayons de soleil transpercent le léger voilage pour se mélanger à la fraîcheur de la pièce. Les rares clients attendent, se regardent à peine, ne se parlent guère. Sans doute des travailleurs, à voir leur air harassé. Le silence matinal s'abat sur ces hommes qui avalent leur ration quotidienne de soupe aux nouilles dont la saveur se perd dans la routine et laissent le regard s'égarer dans la pièce, dans une quelconque indifférence. Ils ne font pas cas de nous. D'un pas nonchalant, l'allure mal dégrossie, la serveuse est une adolescente aux traits poupons. Seize ans peut-être, mais elle remplit sa tâche de manière très professionnelle, comme si elle l'avait déjà accomplie toute sa vie. Inlassablement, elle sert d'énormes théières de thé au lait.

Une fois que la serveuse a le dos tourné, la grand-mère, l'œil empli d'une malice de jeunesse retrouvée, me montre des photos de lamas hautement respectés et, là, me susurre à l'oreille : «*Kundun* [1]». Portant les mains sur

1. Expression qui signifie «La Présence» en tibétain et s'utilise pour parler du Dalaï-Lama.

son cœur, la grand-mère me sourit. L'instant suivant, elle se tait, la gorge nouée, le regard perdu. Elle a tout juste le temps de remettre ses photos dans la poche intérieure de sa *tchouba,* tout contre sa chaude et large poitrine, que deux femmes entrent. Curieuses, elles s'assoient près de nous. Ici tout le monde se méfie de tout le monde. La serveuse revient à son tour de la cuisine pour prendre la commande des deux femmes.

Le temps n'existe plus, seule la pesanteur de la vie se fait présent. Et chaque minute passe comme un délice, savourée dans une sérénité éphémère et retrouvée entre la grand-mère et sa petite-fille.

Dans les ruelles autour du Jokhang, à contre-courant, d'autres hommes avancent. Eux sont munis d'armes, non pas spirituelles mais bien réelles. De celles qui enlèvent la vie d'un être lorsqu'elles se déchargent. Levez les yeux au ciel, ce sont d'autres mitraillettes qui se braquent sur vous, en provenance des toits. Au Tibet, les unités spéciales paramilitaires sont en charge de la surveillance des bâtiments officiels. La police armée, et non la police ordinaire, veille au respect de l'ordre public. « Repos, soldats ; abaissez vos armes ; retroussez vos manches » : le spectacle est le même à chaque dixième pas. Puis les bottes claquent, les armes sont à nouveau brandies. La rue est laissée au silence et au désarroi. La joie de vivre est contenue. Les patrouilles de militaires surveillent la vie des habitants de la ville dans leurs moindres faits et gestes, peut-être même davantage ici, dans ces recoins de la vie tibétaine recluse. Seule l'innocence de l'enfance peut encore prouver la persistance d'un héritage sans doute ou témoigner avec entêtement de ce petit rien qui donne un sens à l'existence, et ainsi résister à l'oppressante domination virile.

Je suis dans la cohorte de pèlerins mais, pour ma part, quand je me heurte aux militaires casqués qui circulent constamment dans les ruelles, il me suffit de leur sourire pour continuer d'avancer, de ce sourire candide qui sert de laissez-passer. Pour tous les gens qui tournent sur le trajet de la kora, voir les files de camions militaires bâchés sur les axes routiers, voir les godasses des soldats fouler la ronde pieuse, ce sont là des signes de la tragédie qui se joue sur leur propre territoire, tel le mauvais ressac d'une mer sale dont on ne se débarrasserait jamais. Les Tibétains sont alors presque effacés du paysage urbain.

Maintenant j'en ai assez. Assez de m'échouer sur un corps d'armée, sur les barrages qu'ils élèvent à chaque coin de rue. Assez des œillades malicieuses de ces jeunes soldats. Certains des militaires proviennent des côtes maritimes, ont la vingtaine au plus et tiennent maladroitement leurs armes. Ils manqueraient presque de les faire tomber à terre, ce qui suscite généralement moqueries et rires de la part de leurs camarades. N'était leur omniprésence étouffante, je pourrais éprouver pour eux quelque sympathie. Je suis dans cette ville seulement depuis trois ou quatre jours et leur présence m'obsède. Qu'en est-il donc pour ces hommes et femmes qui au fil des années voient encore et toujours ce même spectacle ? De cet espace spirituel et intemporel dont la religion leur réserve l'accès et qui leur garantit espérance et croyance, je ne sais encore que très peu. Autour du Jokhang, mieux que nulle part ailleurs, ce peuple s'enferme dans le mystère de sa spiritualité.

Aussi lorsque le jour décline, lorsque le ciel que l'on

effleure se fait de plomb et que le souffle du vent s'abat comme une pluie au sale goût de métal, faisant courber l'échine des vieux, à l'heure où le présent tente d'étouffer le passé, je sens la révolte monter en moi, un excès de violence qui m'étreint et que je dois contenir pour ne pas faire encourir de risques aux personnes rencontrées. Mes larmes ne se décident pas à couler.

Après une journée passée à inspecter la ville avec une curiosité nerveuse, je ne me détermine toujours pas à rentrer à l'hôtel. La nuit, au fil de ces grandes rues, j'oblique à droite puis tout droit et encore à droite. Face à moi, le Potala se dessine, drapé de sa robe grenat couleur de vieux vin. Je suis cette habitude de vouloir toujours aller vers le point culminant. Là-bas les montagnes. Ici le Potala. Le Potala rassure comme la vision d'un plus haut sommet à atteindre. Une fois la crête conquise, on pensait pouvoir découvrir ce que cachait l'horizon, on pensait être arrivé un peu au bout de soi-même mais finalement d'autres sommets, encore un peu plus hauts, un peu plus raides, encore un peu plus verglacés restent à gravir.

Je demande à un passant : «*Potala kabadu ?*», «Où est le Potala ?». «Par là, juste au bout de mon doigt. Voyons, tu ne vois pas, es-tu aveugle ? semble me suggérer le regard surpris de mon interlocuteur. Survole de ton regard le fourmillement de la ville et tu percevras le Potala qui de sa hauteur surplombe le reste de la cité.» Je le savais bien, le Potala est juste en face de moi, mais je voulais discuter un peu avec toi, le passant, qui continues désormais ton chemin, sans t'intéresser davantage à mon égarement dans ce pays. Je poursuis ma route, un peu déçue de ne pas avoir réussi à engager de discussion avec cet homme à l'allure si charmante. Droit devant, donc, comme on me l'a gentiment fait comprendre.

Les résonances d'une vie importée, préfabriquée et plaquée en des lieux à la culture profondément enracinée forment un contraste saisissant. La physionomie des rues change à mesure que l'on se rapproche du Potala. Les maisons ont de minces murs qui ne sont plus en craie et les façades d'immeubles sont en verre. On bascule d'un quartier à un autre comme on passerait d'un monde à un autre, d'une époque à une autre. Il était interdit dans les années 1960 de construire à Lhassa avec des matériaux traditionnels comme le torchis, la pierre ou encore la brique. On arrêtait de mettre du bois à l'intérieur des maisons pour soutenir la charpente. On bétonnait. Toutes les bâtisses avoisinant le Potala ont été victimes de cette politique d'urbanisation. Elles ne peuvent plus de surcroît porter de bâtons à prières, les toits n'étant plus plats, les piliers aux coins ayant été tassés. Dans les années 1980, les interdictions se levèrent progressivement. N'était-ce pas d'ailleurs plus judicieux? Les structures passées pouvaient supporter les tremblements de terre, alors que le sous-sol tibétain est justement en proie à des séismes réguliers. En outre, c'est l'agencement de la maison tibétaine orchestré d'après le calendrier lunaire qui a été mis à mal par ces directives. Les artères ont été élargies à grande gueule de bulldozers. Taxis, camions, pick-up : la circulation y est dense. Les nombreuses boutiques de ces rues vendent désormais des nouvelles technologies et des vêtements, faussement à la dernière mode. Déjà je m'égare.

Les petites maisons de thé avec les longues banquettes en bois tapissées appelées *shogtse* ont disparu. Des sortes de fast-foods les remplacent. J'entre dans un de ces snacks modestement meublés d'un réchaud et de quelques tables en plastique. Sur les murs blancs, signe d'une bonne hygiène, des affiches montrent des paysages de la province chinoise du Yunnan, de verdoyantes collines et des rizières en terrasses. La cuisine servie est en revanche d'une autre province, du Sichuan, relevée donc. Clients et tenanciers, tous sont chinois. Dans un coin se tient une jeune Tibétaine, le teint hâlé, les cheveux noirs, la pupille noire dilatée à tel point qu'elle croque la cornée de l'œil et ses yeux débordent de pétulance. Elle a le regard d'une chatte qui fuirait le tumulte du monde qui l'entoure.

Une télévision retransmet les clips de préparation à l'ouverture des Jeux olympiques : interviews de sportifs chinois, visualisation des exploits lors des sélections. Les clients hurlent devant les performances des sportifs de l'équipe nationale, applaudissent, se sourient. Au milieu de ces inconnus, j'entends le murmure de cette jeune fille. Perdue ? Elle ne semble pas l'être. Un peu seule, peut-être. J'entends son silence qui vient troubler la joie collective. Un air de bienveillance illumine son visage, une innocence flotte sur le dessin de ses traits à peine marqués par les saisons. L'ivresse qui l'entoure ne l'enthousiasme guère. Elle vient s'asseoir sur la chaise laissée vide à côté de moi. Pourrai-je lui dire que par son comportement j'ai vu passer la résistance tibétaine ? Que son silence fait l'écho à l'histoire de son peuple ? Sa seule présence, immobile et muette, comme à l'aube d'une mort prochaine, rappelle ce qui se passe un peu plus loin, au dernier carrefour, sur les hauteurs avoisinantes ou à Drapchi, là où se trouve le très redouté centre de détention.

Dans le silence que nous créons à nous deux par l'inadéquation de nos présences étrangères et solitaires dans ce lieu, nous nous sommes naturellement rapprochées. Deux âmes égarées dont le chemin d'errance se serait croisé. La plus égarée de nous deux, il ne fait pas de doute que c'est moi. D'un anglais timide mais d'une voix bien assurée, elle me dit : «Je m'appelle Deyang.»

5.

Deyang Lak

Deyang m'a conviée à une rencontre le lendemain dans un endroit où elle se sentirait plus en confiance. Il est interdit de recevoir des étrangers chez soi, de les inviter à boire une tasse de thé ou de leur offrir gîte et couvert. Nombreux et inattendus sont les Tibétains qui servent d'indicateurs aux autorités chinoises. Dans les ruelles fines et poudreuses où le moindre mouvement réveille le voisinage, la surveillance et la délation sont faciles. Habitant dans une même maison, les uns voient les activités des autres et observent dans les étages les allées et venues entre différents paliers. Un voisin originaire de la ville de Chamdo ou de Shigatsé, un membre de la famille peuvent être l'un de ces indicateurs. Généralement on trahit non pour avoir une promotion ou une somme d'argent mais parce que l'on pense ne pas avoir d'autre choix. L'autocensure et le contrôle implicite de soi s'avèrent parfois tout autant efficaces et dangereux que la censure et les intimidations directes.

Pour mémoire, débutèrent au milieu des années 1950 des séances de dénonciation publique, appelées *thamzing* ou « sessions de lutte révolutionnaire », au cours desquelles chaque individu devait procéder à son autocritique avant de dénoncer les mauvais agissements des autres, que ceux-ci soient citoyens, moines, chefs de villages ou officiels importants. Pour les Tibétains, prendre ce type de précaution est donc une pratique familière et convoque des souvenirs d'une époque encore plus désagréable.

Sept heures du matin. Lhassa s'éveille. Nous serpentons pendant quelques minutes entre les maisons aux murs sourds et aveugles. Aucun souffle de vent. Aucun cri d'enfant. À notre passage, une femme jette un regard incrédule sur la rue puis s'éclipse entre les deux lourds battants d'une porte, les bras chargés de légumes. Deyang me précède silencieusement. Nous tournons dans une impasse et derrière une porte coiffée d'un *shambou* blanc, le voilage d'extérieur, nous entrons dans une courette. Ces femmes sont mères ou grand-mères, amies ou voisines. Elles ont été mises au courant par Deyang de ma venue et nous attendent en bavardant autour d'un puits dont l'eau n'a plus jailli depuis des années. Des amphores ébréchées et vides traînent de-ci, de-là. Deyang me souffle à voix basse : «Tu vois ces femmes, si elles n'étaient pas dignes de confiance, je n'oserais pas te parler. Mais ici nous sommes à l'abri, nous ne craignons rien.»

Deyang contourne l'interdiction d'inviter une étrangère chez elle. Ferme et décidée, elle ne succombe pas à l'émotion. Elle est de ces gens qui ne demandent jamais. Deyang commande, accepte ou à l'inverse refuse. Elle a organisé d'elle-même la rencontre d'aujourd'hui dans les moindres détails; j'adhère à sa volonté et à sa prise de risques.

Par une échelle-escalier en bois, nous grimpons dans les étages où traditionnellement se trouvent les chambres à coucher et les cuisines. Le rez-de-chaussée est réservé à l'entrepôt des céréales et autres provisions. Dans le cas d'une famille de paysans, on y trouvera le fourrage pour les bêtes. À Lhassa, le bétail ne paraît plus se mêler à la foule depuis longtemps.

Nous nous mettons à l'abri, au premier étage, des regards trop curieux qui pourraient nous surprendre. Par une toute petite porte, on entre dans une grande pièce modestement meublée. L'intérieur est spartiate comme dans toutes les maisons tibétaines. Des tapis laineux courent le long des murs blanchis à la chaux. Les femmes font mine de les dépoussiérer. Un buffet bas est adossé à un pan de mur. Sur le dessus, sont posés des portraits autorisés de lamas hautement respectés dont le treizième Dalaï-Lama Tubten Gyatso et le dix-septième Karmapa Ugyen Trinle Dorje, enturbannés de la *khata*. Le portrait du dix-septième Karmapa est depuis peu autorisé au premier étage des habitations mais il reste encore interdit au rez-de-chaussée.

La sobriété du lieu tranche avec l'extrême agitation qui y règne, les chuchotements des femmes comblent ce qui pourrait marquer le vide de la pièce. Déjà le thé tibétain coule au fond de nos gorges et son beurre se dépose sur nos langues, emplissant de douceur nos cœurs.

Étudiante à Pékin, Deyang est sur le chemin du retour. Lhassa représente une simple halte de quelques jours entre Pékin et la route qui la mènera dans l'Ouest tibétain, près de la frontière népalaise. Neuf mois se sont écoulés depuis la dernière visite dans sa famille, six ans depuis son premier départ pour Pékin.

Un agrégat d'images — campus universitaire, tentes de pèlerins, mont Kailas — s'amoncelle confusément dans l'esprit de l'exilée et se mêle à la conversation. Avec une surexcitation manifeste et l'appréhension du retour chez elle, Deyang me parle de ses illusions et déceptions, de ses blessures.

Partie avec une bourse attribuée aux meilleurs écoliers par les autorités de Pékin pour continuer leurs études supérieures dans un contexte linguistique et culturel entièrement chinois, Deyang a réussi à échapper à sa vie de petite villageoise « pour mieux y revenir », dit-elle. Peut-être espérait-elle mieux comprendre le mécanisme de cette marche forcée vers la modernité à laquelle on assignait son peuple.

Cet exil — aussi mûrement réfléchi et bien pensé qu'il ait été — n'est pas sans incidence sur le déroulement de sa vie d'aujourd'hui. Jusqu'à quel point avait-elle pu contrôler l'évolution de sa vision du monde là-bas, dans la capitale ? Je doute qu'elle le sache à cette heure.

— Je poursuis un cursus de littérature anglaise à l'université de Pékin, me dit Deyang, et je m'initie au français cette année. Les structures de l'enseignement supérieur en Chine intérieure ne permettent pas de combiner un cursus en langue tibétaine.

— As-tu eu des problèmes pour suivre les séminaires dispensés en chinois à l'université ?

— Non, car j'apprends le chinois depuis le secondaire. Je le parlais déjà bien à la fin de ma scolarité au

Tibet. Notre langue, le tibétain, n'est enseignée qu'en primaire.

— À part la langue anglaise, est-ce que tu as étudié la littérature tibétaine à Pékin ?

— Pas en particulier mais elle m'intéresse bien évidemment puisque c'est ma culture. La littérature tibétaine est avant tout religieuse, qu'elle soit orale ou écrite, en vers ou en prose. Son origine remonte au XIe siècle avec la deuxième période de diffusion du bouddhisme sur les terres. Elle servait à vulgariser la doctrine bouddhique et à édifier la morale et la spiritualité des lecteurs. Le *Kangyur* (« Parole de Bouddha en traduction »), c'est le recueil des enseignements de Bouddha. Il remplit cent volumes du canon tibétain. Il y a aussi le *Tangyur*, soit deux cent vingt-cinq volumes de commentaires et d'exégèses, d'hymnes et de poèmes sacrés. Ces écrits ont été réalisés par d'éminents sages et érudits indiens et tibétains au cours des siècles qui suivirent la mort de Bouddha. À cette littérature religieuse s'ajoutent d'autres écrits qui concernent les sciences traditionnelles comme la médecine, la grammaire, l'astronomie.

Après les littératures sanscrite et chinoise, la littérature classique tibétaine est une des plus riches d'Asie. Cela valut au bouddhisme et à cette culture un rayonnement bien au-delà des frontières du Tibet, faisant de la langue classique la langue de la culture pour divers peuples d'Asie centrale. En Occident, certains spécialistes comparent ce prestige à celui du latin dans l'Europe médiévale[1].

1. Françoise Robin, *Revue d'études tibétaines*.

Concernant la littérature contemporaine, et surtout la fiction romanesque, la production demeure balbutiante. Deyang m'explique que, «depuis les années 1980, des milliers de nouvelles ont été publiées ainsi que des centaines de textes de prose poétique et une vingtaine de romans».

Le Tibet, fermé entre 1750 et 1900, s'est ouvert tardivement sur le monde occidental, ce qui explique en partie le retard de la production littéraire. Dans le cadre traditionnel, la fiction romanesque laïque fut longtemps condamnée par l'élite conservatrice, reléguant ce genre littéraire au rang de divertissement. Le treizième Dalaï-Lama semble avoir été le premier à prôner l'ouverture au début du XXe siècle et à tenter une transition de la société restée jusqu'alors traditionnelle. Le rêve d'une modernité à la tibétaine protégeant ses singularités ancestrales s'est très vite heurté à la trame cynique de la réalité lorsqu'en 1950 et surtout dans les années 1960 la Chine communiste s'est empressée de faire valoir ses propres références à une civilisation qui avait pourtant déjà connu son apogée et donc qui avait bien établi ses codes culturels. Le réalisme socialiste, le romantisme révolutionnaire supplantèrent la vision littéraire traditionnelle. Les contenus et la langue d'expression changèrent. La littérature rejoignit le monde d'ici-bas, en sortant des monastères et du milieu aristocratique. L'écriture et les œuvres proprement tibétaines furent particulièrement mises à mal lors des dix années de la Révolution culturelle pendant lesquelles tout ce qui était relatif à la civilisation du Tibet fut à détruire. Des campagnes d'éradication prirent systématiquement pour cible toutes les personnes susceptibles de transmettre ses valeurs, moines, érudits, artistes ou artisans.

Deyang est née en 1984 et n'a pas connu la Révolution culturelle de la Chine. Dans sa famille, on évite le sujet. À certains moments seulement, la souffrance est perceptible, à travers un clin d'œil ou la brève évocation d'un souvenir pénible, éclipsé par le quotidien d'une vie qui prétend reprendre son cours. Les femmes violées, les suppliciés, les souvenirs d'un corps brutalisé et humilié : tout le monde préfère oublier. Le monde, le *samsâra* en termes bouddhiques, est imprégné de souffrance. Chaque génération, chaque membre de la famille tente, à sa manière, de ne pas accroître le lot de souffrances, de ne pas faire porter le fardeau de l'Histoire à ceux qui viennent ensuite. Quant à l'école publique, elle n'enseigne que la version officielle de cette période.

Rien ne semble à présent pouvoir distraire Deyang. Elle reste impassible. Son visage brun est immobile, ses longs cils également.

Lors des années de la Révolution culturelle de Chine, la jeune littérature tibétaine, qualifiée de réactionnaire par les policiers chinois, fut traquée. Elle prit donc son essor une fois la Révolution terminée, pendant la relative libéralisation des années 1980. Le contexte de cette période était alors davantage propice aux revendications identitaires, la survie de la culture tibétaine était encore incertaine au vu des épreuves subies et imposées lors de la décennie précédente. On appelle cette littérature la « nouvelle littérature » en raison de sa récente apparition.

— Deyang, pourrais-tu me citer un écrivain tibétain ?

— Oui, Thöndrupgyäl. Il était le chef de file de ce courant mais il s'est suicidé en 1985. Il a souvent été décrié par les Tibétains car il critiquait amèrement nos croyances et traditions tibétaines. Il les rendait responsables de notre asservissement politique. Nos auteurs sont intéressants car certains tentent de renouer avec notre culture ancestrale, en empruntant des légendes populaires d'antan. Mais il y a bien sûr la censure. À cause de cela, nous ne pouvons clairement pas exprimer nos revendications sur la scène publique. Le choix des thèmes en littérature est influencé par les services de propagande. Toute la littérature en Chine se place sous sa tutelle. Les écrivains doivent parler des thèmes ayant trait à la modernisation de la société avec une valeur de mission d'éducation et de réforme sociale. Par exemple, les mariages arrangés dans la société tibétaine ont été dénoncés par l'écrivain que je viens de te citer, Thöndrupgyäl[1].

— Est-ce que tes parents apprécient la littérature tibétaine ?

— Dans l'opinion générale, les romans appartiennent encore aux gens des villes et à la bourgeoisie. En ce qui concerne mes parents, ils ne lisent pas beaucoup.

— Et toi, quand t'es-tu intéressée à la littérature ?

— Je vivais encore chez eux. Les librairies dans les grandes villes du Tibet, Lhassa, Shigatsé, Rebkong, sont bien remplies. Si tu ne lis pas le tibétain, peut-être sera-t-il difficile pour toi de t'en apercevoir, mais il y a une grande quantité de production littéraire. Il existe aussi

1. Thöndrupgyäl, *La Fleur vaincue par le gel*.

les traductions chinoises des textes de la littérature mondiale. Et maintenant, je lis directement les textes en anglais. Dans les années 1980, les intellectuels tibétains ont commencé à traduire directement dans notre langue les plus grands écrivains du monde. Je me rappelle avoir lu un extrait de Maupassant. Et aussi Goethe et Tolstoï ! Tu connais les magazines littéraires du Tibet, *Bod kyi rtsom rig sgyu rtsal* («Art et Littérature tibétains») et *Sbrang char* («Douce Pluie»)?

— Non.

— C'est dans ces deux magazines qu'ont été diffusées les premières traductions.

Depuis les années 1980, c'est «une longue marche translinguistique[1]» qui est en cours. De nos jours, les grands textes indiens connaissent un relatif engouement chez les traducteurs en langue tibétaine. La littérature indienne fait écho aux conditions de vie des Tibétains : d'un côté, les Indiens qui, vivant sous la domination des Britanniques, avaient Londres comme capitale mais gardèrent des traits culturels propres ; de l'autre, les Tibétains, qui évoluent sous le joug de la Chine et de directives émanant d'une capitale située à plus de deux mille kilomètres mais tentent de faire perdurer leurs pratiques culturelles[2].

Les traductions de textes provenant de l'Inde, pays sacré pour les Tibétains où est né le Bouddha, participent également à la réconciliation au sein même de la conscience nationale. La littérature indienne ouvre une

1. Lara Maconi dans *France-Asie : un siècle d'échanges littéraires*, Muriel Détrie, dir., You Feng, 2001.

2. Françoise Robin, *Revue d'études tibétaines.*

autre ligne d'horizon à la fois dans le temps et dans l'espace. Elle cristallise les anciens mythes et permet de porter un regard ailleurs que vers la Chine de Pékin. C'est également une façon de renouer avec la communauté du pays en exil qui, éparpillée un peu partout en Inde, du nord au sud, évolue dans un tout autre cadre politique et social. Sur le long terme, le fossé entre les Tibétains du Tibet et les Tibétains de l'Inde risque de s'accroître en raison des différences affectant les codes culturels et les références linguistiques[1].

De son enfance, Deyang garde des souvenirs très précis, voire trop précis, probablement balayés par l'imaginaire de l'enfant qu'elle fut jadis. Entourée de ses nombreux frères et sœurs, Deyang avait joué, au pied du mont Kailas, dans un flot continuel de gaieté et de liberté, les membres presque nus, dorés par le soleil, avec de la morve sur les contours de son nez. Ces années-là se sont déroulées comme dans un rêve. Aujourd'hui, lorsque son esprit rencontre l'infini des terres de l'enfance, une sourde mélancolie berce ses propos.

Ses paroles m'entraînent à mon tour sur les hauts plateaux du Chang Tang, emportés d'un souffle nostalgique, bercés des si nombreuses légendes que les Tibétains mêlent très bien à la réalité, ne sachant plus vraiment où celle-ci parfois se cache. Je ne sais ce qui l'a poussée à confier à une inconnue ses souvenirs et à dérouler ainsi le fil de ses pensées vers son lointain pays natal, mais je me perds d'instinct à l'aube de ce regard devenu insaisissable.

1. *Id., ibid.*

Dans les montagnes, accompagnée de son frère aîné, me raconte-t-elle, lors du festival *Saga Dawa* qui se déroule courant mai autour du mont Kailas, elle rencontrait des fidèles venus des autres horizons : de l'Inde, du Népal, du Tibet même. Les grappes de pèlerins arrivaient sur les lieux dès le printemps avec la dévotion pour toute besace symbolique. Son frère s'était assagi avec le temps et avait suivi la destinée commune aux jeunes garçons du coin. Il n'avait pas quitté ses terres et s'était marié à une jeune fille des environs. Quant à Deyang aujourd'hui, elle en est encore à se demander si le mont Kailas n'avait été là que pour la rassurer quand, enfant, on lui disait qu'un autre monde existait derrière la montagne, que cet autre monde méritait tout autant d'être exploré et recelait sans doute bien d'autres merveilles, joies et espérances.

La jeune enfant ouvrait ses grands yeux noirs lorsque, près des tentes, les pèlerins du mont Kailas s'échangeaient les dernières nouvelles de villages et de contrées lointaines dont les noms ne lui étaient pas familiers mais prenaient une résonance magique à ses yeux : Pandatsang, Kangchengjunga, Chomolungma…

Nombre de bardes, *sgrung-mkhan*, circulent sur les routes avec des milliers de légendes dans leurs sacoches, comme la fameuse épopée du roi Guésar de Ling, un conte des plus populaires au Tibet depuis le commencement des temps. Raconté en plus de cinquante volumes, chacun de ses épisodes relate les guerres et batailles du héros contre les ennemis du Bien qu'il subjugue grâce à un déploiement de prouesses magiques et de pouvoirs surnaturels. Il incarne l'idéal du bodhisattva sous la figure du guerrier spirituel en proie aux passions. Sa recherche du sacré l'amènera aux portes du royaume mythique de Shambhala. Deyang s'endormait à la belle étoile, la tête brûlante, enfiévrée par les légendes, telle l'image médiévale de Tristan et Iseut, qu'elle venait d'écouter. « C'étaient des échanges humains, bien réels », me glisse-t-elle.

Parce qu'elle a une certaine expérience de la vie, Deyang est à même de garder le mystère autour d'elle et de ne pas tout révéler d'une seule traite. Elle sait rendre obscure une période de sa vie et en illuminer d'autres.

L'après-midi paresse dans ce lieu. Les autres femmes sont souriantes ou indifférentes. Elles entrent ou sortent. Si Deyang m'avait dit à cet instant : « Allez, parlons d'autres choses, de sujets plus joyeux », je ne l'aurais probablement pas crue. Même son rire ne peut dissimuler la sombre amertume que son propre pays lui inspire. Elle cherche un moyen d'apaiser sa douleur sans remède, un point fixe dans la salle qui la soulagerait. En riant, en passant de l'angoisse à la joie, elle décide de ne plus parler de sa vie, mais pourtant je sens déjà qu'un détail lui a échappé et qu'elle ne pourra pas en faire abstraction.

Engageant la conversation sur sa vie universitaire à Pékin, Deyang se souvient du jour où elle prit son premier vol pour la capitale chinoise. Ses pensées se cristallisent sur le geste lent et protecteur que son père avait eu ce jour-là. « Il avait caressé la mèche qui me tombait sur le front. Un geste qu'il répétait déjà quand enfant je partais avec mon frère aîné pour le festival du mont Kailas. Toute ma famille était alors très triste. »

Deyang avait été choisie pour étudier en Chine et, ainsi, son père la désignait comme étant la seule parmi ses enfants à avoir la chance, en apprenant à parler parfaitement la langue chinoise et dans une autre mesure la langue anglaise, à s'élever dans la hiérarchie sociale dont les règles s'ancraient progressivement et sûrement. Son père, par cet unique geste, lui révélait la chance, ou la malchance, de partir et d'avoir une destinée autre que celle des siens.

Avec la carte d'identité sur laquelle est spécifiée l'appartenance communautaire, il est difficile d'aller loin. Demander le *hukou*, une sorte de droit de passage, signifie que l'on entame de longues démarches administratives qui se révèlent au final très souvent infructueuses. En temps normal, rares sont les Tibétains qui malgré leurs papiers en règle peuvent voyager comme bon leur semble dans les autres provinces de Chine.

« Et maintenant, pars, Deyang Lak[1], sinon tu vas être en retard », avait-il fini par lui dire. En me contant cela, les yeux de Deyang s'embrument.

Sa voix se fait sourde. Après m'avoir laissé percevoir sa candeur en évoquant ses souvenirs, Deyang dévoile à présent sa propension à la méditation, ce qui lui donne un air d'intellectuelle. Par sa situation d'exilée, elle porte un autre regard sur son pays, un regard parfois critique, et me décrit les changements rapides opérés dans la ville entre deux allers et retours, dit ne jamais s'étonner assez devant la rapidité de ces modifications : la propagation

1. *Lak* est une forme de respect que l'on ajoute à la fin des noms, comme l'est le *dji* en hindi.

des enseignes commerciales rédigées en caractères chinois vantant les mérites de produits high-tech ; les hauts édifices de verre qui ne cessent de se multiplier et à l'inverse les basses maisons traditionnelles qui disparaissent ; le nombre croissant d'immigrés qui s'installent dans la ville ; le tailleur tibétain du coin de la rue qui a cédé son emplacement à un marchand de légumes hui... Elle remarque aussi qu'elle ne supporte plus certaines traditions tibétaines comme la coutume de porter une *tchouba*. Elle regrette que sa famille ne lise pas davantage et ne s'intéresse pas plus à ses découvertes concernant l'étranger. Puis, dans un élan, elle se risque à me parler de son amère déception amoureuse. Son petit ami resté au pays a rencontré une autre fille, fonctionnaire comme lui à la Poste et dont le teint poudré au sable blanc trahit ses origines : elle n'est pas des hauts plateaux désertiques mais vient des basses terres mandchoues. Les deux familles n'ont pas approuvé le mariage entre la Han et le Tibétain mais celui-ci a cependant eu lieu.

Sur le campus de l'université, les étudiantes chinoises ont la taille mince, la cambrure des reins moulée aux habits et une jupe toujours courte. Deyang ne se vêt jamais de la sorte. Trop fière pour copier ses camarades apprêtées, elle se trouve néanmoins mal à l'aise dans les rues de la capitale et dans le quartier artistique du « 798 ». Elle n'a pas pour désir de prouver qu'elle est différente de ce qu'elle est. Au fond d'elle-même, elle ne restera qu'une intruse, une jeune fille des montagnes déplacée dans un décor de confort et de luxe à Pékin, là où la vie se joue à deux cents à l'heure, où elle découvre une brutalité cynique, ses propres fragilités et la force des autres.

Deyang reçoit les premiers coups de la vie, ceux qui transforment une fille en femme et la font basculer d'un âge à un autre, ceux qui déchirent la vision du monde et l'assombrissent subitement. L'initiation est parfois plus violente pour les unes que pour les autres mais la trajectoire de Deyang se trace en une courbe universelle. Pour l'heure, Deyang suit le courant de la vie sans réfléchir et sans se poser les questions les plus embarrassantes, comme une pèlerine qui connaîtrait avec une certitude instinctive son chemin de croix mais aussi comme une voyageuse d'entre deux mondes, l'un réel, l'autre à elle, ce qui lui permet d'échapper à certaines réalités. Tiraillée entre les deux genres qui constituent sa vie, son destin est d'éprouver l'ambiguïté de la politique chinoise, c'est-à-dire autonomie et assimilation, intensifiée jusqu'aux moindres détails de ses tourments personnels.

Femme des montagnes, brute comme la pierre, ses racines tibétaines se lisent dans son visage. Elle est native de la région frontalière du Népal. À observer ses traits, elle pourrait descendre des Sherpa de la vallée du Khumbu au Népal. Contraire à une existence inébranlable en montagne, celle qu'elle mène à Pékin est une vie de déculturation. Elle ne regrette pas pour autant ce dépaysement mais ne rêve qu'aux grands espaces à plus de 5 000 mètres et au jour où elle repartira s'installer. Sa bonté fait oublier à ses amies qu'elle vient des montagnes. Elle ne l'oublie pas et se sent tibétaine plus que jamais. Elle ne peut plus penser au haut plateau sans ressentir la douceur et la chaleur maternelles. L'odeur des pâturages lui colle à la peau. Deyang veut transmettre à ses enfants les leçons d'humilité et d'endurance apprises là-haut. Si elle reste en attente à Pékin, c'est qu'elle vise déjà son retour au Tibet.

Comme la plupart des étudiants tibétains envoyés en Chine intérieure qui rentrent au pays, elle s'enivre d'un sommeil lourd et apaisé lors de la première trentaine d'heures passées dans le train qui l'achemine vers Lhassa et ainsi, par une volonté intarissable, les yeux grands ouverts, elle regardera défiler les paysages du Haut Pays la dernière journée du voyage. De retour sur ses terres natales, sa hantise est de dire un jour : « Le Tibet n'existe plus. J'aurai beau traverser le pays tout entier pour retrouver les miens, je ne tomberai que sur du vide. J'aurai beau souffler sur les vitres du train pour faire disparaître la buée de la respiration des passagers, seules les montagnes m'apparaîtront inchangées. » Cet adage japonais qui prétend que, quand on détruit un pays, restent ses montagnes et ses rivières se trouverait alors confirmé. À l'inverse, en partance de Lhassa, la jeune fille s'endormira, une fois les vastes étendues de l'Amdo disparues de son champ de vision. Les yeux fermés, renversés en arrière dans le passé, les jeunes Tibétains garderont, tel un talisman précieusement et sauvagement protégé, la richesse patrimoniale de leur pays. Peut-être souffriront-ils de nostalgie, mais de celle, cette fois, qui procure calme et bienveillance, celle qui incite à partir pour mieux revenir.

Serait-ce dès lors un crime pour Deyang de succomber au charme de la modernité qu'elle a entraperçue au cours de ses longs séjours et de ses promenades dans le quartier du « 798 » de Pékin ? À une autre époque, dans une autre contrée, Deyang se serait probablement mariée tôt et ainsi aurait-elle suivi la destinée habituelle de toute jeune fille. Ou bien elle serait entrée dans les ordres monastiques, ce qui est la seule manière pour une femme de rester indépendante et de pouvoir se consacrer aux études. Cela se passe généralement ainsi dans les vallées tibétaines reculées de l'Inde, au Zanskar ou au Spiti, par exemple. Comment négocier le passage entre les traditions et la modernité pour ces jeunes qu'un fossé parfois très important sépare des précédentes générations ayant connu la Révolution culturelle et davantage encore lorsqu'il s'agit de communiquer avec les Tibétains de l'étranger dont certains s'attachent à faire revivre le Tibet d'il y a des décennies ?

D'une évolution sensiblement similaire, les écrivains tibétains tentent d'entremêler tradition et modernité, continuité et rupture. Leurs recherches stylistiques sont encore à l'essai aujourd'hui. Ils s'initient à la prose, même si la poésie demeure l'art par excellence, et aux autres genres littéraires, comme la fiction ou la littérature de reportage. Ils expérimentent le monologue intérieur, l'humour noir. Le réalisme étant le synonyme par excellence de la modernité chez les écrivains tibétains, ils adaptent, dans la version tibétaine, le procédé du réalisme magique qui est « une authenticité de l'irrationnel qui fait que même l'étrangeté n'est pas vérifiable[1] » et qui renoue avec le goût tibétain pour les légendes, la magie et les sorcières.

La littérature est-elle un moyen détourné, pour un

1. Zhaxi Dawa, préface de Nguyen Tserang Tai-Luc, *Tibet, les années cachées*.

peuple, de reconquérir son passé, ses légendes et ses mythes, de pérenniser la vieille culture, tout en se tournant vers l'avenir ? Il n'a pas été impossible de voir dans ces initiatives une collusion d'intérêts entre les différents protagonistes. La résurrection d'anciens manuscrits dans les années 1980 ne s'est pas faite sans coïncider avec les réalités du présent. Les musées sont « des lieux où les œuvres du passé, devenues mythes, dorment, — vivent d'une vie historique — en attendant que les artistes les rappellent à une existence réelle [1] » et, lorsque les écrivains tibétains ont fait resurgir des mémoires poussiéreuses l'épopée mythique et très populaire de Guésar de Ling, les uns y ont vu une possibilité de manifester leur identité après dix années de Révolution culturelle et les autres ont approuvé l'initiative de faire entendre la voix des « minorités ethniques » de la République populaire de Chine, une initiative considérée alors comme à la mode. Enraciné de surcroît dans les valeurs culturelles uniquement tibétaines, ce mythe se détacherait, selon certains, de la religion bouddhiste à vocation universelle et sans attaches locales [2].

À la pointe d'une réflexion sur les perspectives à donner à leur propre société, les intellectuels du Haut Pays se font les porte-parole d'une sensibilité artistique collective désenchantée, à la fois critique et sceptique, et sont donc à l'œuvre pour réconcilier le pays avec ses habitants, un peuple avec son passé, tout en jouant de front avec les injonctions gouvernementales et la censure. Parfois admirés et connaissant le succès, parfois à

1. André Malraux, *La Voie royale.*
2. Françoise Aubin.

l'inverse décriés, en particulier par le milieu monastique, les écrivains se placent en première ligne des bouleversements que connaît le Toit du monde aujourd'hui.

Au-dehors, la nuit est déjà tombée. Encore une de ces journées si intensément vécues qu'elles échappent à toute tentative de contrôle. Une de ces journées imprévues et brèves qui en disparaissant à jamais vous laissent des souvenirs pérennes. Je délaisse mes nouvelles amies et m'en vais par les rues obscures.

Avant de regagner ma chambre, je m'accoude à la balustrade de la terrasse pour examiner le ciel. Une légère bise s'est levée. Au-delà des toits flottent encore et pour toujours les drapeaux à prières, tout contre les étoiles. Seules quelques lumières brillent ici et là dans la pénombre qui plane au-dessus des maisons. Le silence de la ville, le moindre de ses murmures sont absorbés par les montagnes alentour. Je me laisse envahir par la pureté et la limpidité de la nuit. Tel un sanctuaire, le toit du grand vide du ciel m'encercle avec une sensation de sécurité pleinement étoilée. Cette nuit, je m'enveloppe de l'univers et de toutes ses étoiles. « J'essaie avec tout mon âme altérée d'une soif inapaisable de pénétrer ce mince mais insondable mystère, comme ces étoiles qui épuisent les heures, nuit après nuit, espoir de percer le mystère de la sombre nuit avec leur regard baissé qui ne dort pas et ne clignote pas[1]. »

1. Tagore, *Gitanjali, L'Offrande lyrique*, Éditions Gallimard, 1925.

6.

Le temps d'une soirée

Dans quelques minutes, les Jeux olympiques 2008 seront déclarés ouverts. Le monde se tourne vers Pékin et le stade en forme de nid d'oiseau. Lhassa patiente comme un navire échoué sur un récif en pleine mer.

L'événement de ce soir transforme la ville. Le charme qui lui est traditionnellement attribué, celui du sacré et de la ferveur, du nomadisme et des couleurs, tend à s'estomper. Avec ses maisons aux portes closes et ses trottoirs déserts, le cœur de la cité est en sursis. Lhassa s'immobilise le temps de la soirée.

Les dernières circumambulations de kora se déroulent pesamment autour du Jokhang. Les cendres fumantes se déposent sur le macadam en un semblant de neige que nulle agitation ne soulève. Les volutes indécises de fumées drapent les ruelles d'un voile fantomatique. Seules les plus hautes pointes des toits du temple percent le ciel. Les moulins à prières geignent en tournant sur eux-mêmes, las et rouillés. Un léger souffle de vent fouette dans une bienveillante dignité les drapeaux de mantras. Ce même souffle emporte la vision de la cité. Ce soir, le

Barkhor se fossilise dans le temps, même l'érosion des années ne semble pouvoir l'abîmer.

Non loin de la ville, surplombant la rivière, il est dit que les rapaces survolent l'emplacement consacré aux funérailles des enfants, là où les lamas déposent habituellement les corps, après avoir procédé aux rites cérémoniels. Pourtant, il n'y a pas eu d'obsèques aujourd'hui. Il est dit également que le bruit du vent qui cingle les drapeaux est comparable à celui du fouet du nomade qui part sur son pur-sang dans le lointain Chang Tang. Et des gémissements des moulins à prières dans le silence des rues, qu'ils ressemblent aux plaintes d'une femme qui accouche.

Dans le déroulement d'une journée qui aurait pu être ordinaire, seule compte l'expectative générée par la lutte intestine qui communiquerait à tous les spectateurs de l'événement une singulière irritation car cette attente serait contraire au mouvement circulaire de la Roue de la vie. Les esprits se calent sur les souvenirs des récents affrontements. La crainte ferme les portes, verrouille les bouches, fronce les sourcils.

La permanence est une illusion, selon les Écritures bouddhiques. La réalité, la stabilité des êtres sont impermanentes. Tout passe, tout s'écoule et rien ne dure. Pourtant, ce soir, l'exultation d'un côté, le mutisme et le silence des tombes de l'autre, font perdre au précepte son sens.

La ville crie dans un unanime silence et ce silence s'enracine dans la mémoire collective du Tibet. Les Jeux sont lancés.

Le soleil caresse les hauteurs environnantes, rase le Potala jusqu'à en dorer la toiture métallique. Le haut palais semble être une esplanade proche des nuages, la dernière étape avant le ciel. Puis le soleil disparaît sous la ligne d'horizon. Le ciel s'obscurcit. Le Potala s'illumine comme un foyer de lumière incandescente. Une masse de nuages obscurs plane au-dessus de la ville. Au large, ciel et terre se confondent.

La cérémonie d'ouverture de la manifestation sportive devait être retransmise sur des grands écrans installés dans la ville. Un policier, le torse serré dans un habit de civil, a reçu l'ordre par talkie-walkie de suspendre l'événement de la place du Potala, une minute avant le début des festivités. Déception contenue : la réserve est de mise pour l'occasion, même pour la dizaine de Chinois han qui patientent.

Les camions passent à toute allure. Le cirque de leurs exercices ne s'arrête pas. Quelques minutes encore, et la vingtaine de camions bâchés expulsent à intervalles de temps réguliers des soldats, mitraillette au poing. La drôle de fête nocturne prend les allures du couvre-feu des périodes d'occupation. Finalement, la place disparaît sous le sombre grouillement de la troupe.

« Les rôles du ciel et de la terre sont inversés [1]. »

Plantée au pied du Potala, une jeune fille attend, immobile. Cuirassée de filaments argentés dans les cheveux, parée de pendeloques de turquoises, elle est vêtue comme une promise. Un long manteau brodé de motifs délicats descend jusqu'à ses chevilles. Cet apparat traditionnel tibétain se contemple rarement dans les rues de Lhassa en plein été.

1. Lama Anagarika Govinda.

Dos au Potala, exposée aux regards indiscrets des étrangers de passage dans la ville et bientôt mise sous film plastique dans des albums, la jeune fille tient la pose devant les objectifs en échange de quelques sous. Demain aussi, elle sera là. Son port de tête est raide.

Les rumeurs de la place se déploient dans le ciel. Les photographes tournoient autour d'elle et, sur une simple demande, elle fait le singe, moyennant une somme d'argent. Les yeux mi-clos, encore aveuglée par les précédents flashs, la jeune fille s'exécute. Elle déploie sa robe en de grands cercles, tel un oracle en transe. Sa tête roule en accord avec les arabesques de son corps. Les rayons de lumière se répercutent sur le col blanc de son manteau. Plus personne ne croit aux sortilèges des fées, ni même aux lendemains plus cléments à Lhassa. Sa présence sur les dalles bétonnées de la place, son ombre démesurément agrandie qui balaie les visages, entre le cliquetis d'un bijou et le frôlement d'une robe : c'est la tradition qui se vend au tourisme.

Encore quelques flashs, mais les traits se contractent. Le sourire se coince et le visage se fige. Amazone en cire du Tibet magnifiée des rêves ? Ou Diane déshéritée en proie aux caprices de l'objectif ? Combien de personnes en Chine ou en Occident ne se sont-elles pas imaginé cette scène devant le Potala ?

Pourtant, la Tibétaine n'est plus vraiment belle. C'est une jeune ingénue, seule sur le tarmac du Potala, trouble comme une photo sépia, si proche et déjà si lointaine.

7.
Déclinées au féminin...

> Ceux que *vous* appelez illettrés sont ceux aux côtés de qui je me range.
>
> Ce que *vous* appelez superstition, c'est ma foi.
>
> Tant que vous n'aurez pas d'amour pour votre pays et que vous ne prendrez pas le parti de votre peuple, je n'admettrai pas de votre part un mot qui dénigre la mère patrie.
>
> Rabindranath Tagore, *Gora*

Assis dans un bistrot, Sonam Tsang me tend une feuille sur laquelle il a dessiné mon portrait.

— C'est ressemblant, non ?

— Oui. Si on veut. Le nez est un peu long...

— Non, non, c'est normal !

Je viens de rencontrer, dans la rue, deux jeunes Tibétains dont le garçon se prénomme Sonam Tsang et la fille Tsering Bamou. Tous deux parlent anglais, en particulier la jeune fille qui a étudié dans les écoles en Inde, à Dharamsala.

Tsering Bamou a bientôt trente ans et elle est revenue à Lhassa, il y a seulement une dizaine d'années.

« J'ai souhaité revenir de mon plein gré. À l'époque, c'était déjà difficile mais encore possible. Maintenant, les gardes-frontières chinois ont été étoffés et ça pose évidemment beaucoup de problèmes. En plus, ils n'hésitent pas à tirer sur les fugitifs. Ceux qui se font repérer passent en moyenne trois à quatre mois dans une prison. Dans la plupart des cas, c'est dans la prison près de Shigatsé. »

Avec sa sœur aînée, elle s'était échappée du Tibet en hiver, en traversant la barrière himalayenne. « Ce fut un voyage très difficile ! » L'unique raison qui a poussé Tsering Bamou à faire le chemin en sens inverse, c'est l'amour pour ses parents.

« Ils regardaient avec indifférence les jours. Je sentais bien qu'ils ne voulaient plus poursuivre leur vie ainsi, loin de leurs enfants. Nous n'avions ni oncles ni tantes au Tibet. Mes parents vieillissaient seuls, dans le désarroi le plus total. Encore aujourd'hui, ils souffrent d'une maladie contre laquelle il n'existe aucun remède. Malgré ses problèmes à la hanche, mon père fait les cent pas toute la nuit. Quant à ma mère, elle ne va presque plus à l'extérieur. Je m'occupe des courses, je gère les affaires familiales. Ma sœur avec qui j'étais partie n'est pas rentrée. Elle vit toujours en Inde où elle s'est mariée à un Tibétain. Sa vie semble si paisible, vue d'ici… mais je ne regrette rien. Mes parents me manquaient trop, je culpabilisais de les laisser seuls et il me semblait que je n'avais pas d'avenir en Inde. Ce n'était pas chez moi. »

Tsering dit aujourd'hui s'être accommodée de son sort et s'être adaptée au mode de fonctionnement de la société chinoise, qui n'a rien à voir avec les rouages du système indien. Nous parlons depuis plusieurs minutes, lorsqu'un groupe de militaires passe devant la fenêtre du restaurant. C'est l'occasion pour moi de mener la conversation sur le terrain politique. Réticent au départ à parler de lui-même, Sonam Tsang n'hésite plus à me dire ouvertement ce qu'il pense de la situation à Lhassa, voyant que Tsering me fait confiance :

«Je ne me soucie plus des militaires dans les rues, ni de leurs intimidations quotidiennes. Nous ne les regardons pas quand ils passent, nous n'entrons pas dans leur jeu. Je ne connais d'ailleurs rien à la politique chinoise. Je ne sais même pas s'il y a des élections en Chine ou combien d'années dure le mandat de leurs gouvernants. Ils nous rappellent constamment notre faiblesse, ils se comportent ici comme chez eux. Mais nous puisons notre force d'une autre manière…»

Sonam est plus vif sur le sujet et à peine Tsering semble-t-elle vouloir ajouter quelque chose qu'il renchérit déjà :

— Jamais un peuple ne pourra s'habituer à la présence d'un autre peuple qui s'est imposé chez lui par la force et non par un consentement social. Je vais tous les jours au Jokhang pour prier, j'y apporte du beurre pour faire briller les lumières du Tibet. Pour l'heure, nous agissons comme nous l'indiquent notre religion et notre culture et comme nous le pouvons. Est-ce que tu as remarqué par exemple, Élodie, que jamais un Tibétain ne prendra un taxi conduit par un Chinois?

— Oui, effectivement…

— On préfère attendre trente minutes sur la chaussée

plutôt que de le prendre. Ce n'est rien, me diras-tu. Connais-tu le nom de la rue où nous sommes actuellement?

— Oui, la rue de Pékin!

— Pas pour nous, nous continuons d'utiliser les noms tibétains. Aucun d'entre nous ne sait d'ailleurs à quelle rue correspondent les noms chinois. Je ne désespère pas de revoir un jour le Dalaï-Lama ici, chez lui. Mais, c'est vrai, la population étrangère à Lhassa, et partout au Tibet, est de plus en plus nombreuse. Surtout avec l'arrivée du train en 2006! Notre mode de vie change sous leur influence, on nous impose d'autres codes. Ils étouffent notre culture. Beaucoup de Tibétains perçoivent la modernité comme une injonction du monde extérieur, entraînant la destruction de notre patrimoine. Certains la refusent. En ce qui me concerne, je suis plus mitigée. Le Tibet doit acquérir certaines compétences techniques et il y a plein d'autres bonnes choses aussi… comme les jeans!

Des caméras de surveillance placées dans les rues, des films d'enregistrement conservés et étudiés à la loupe — car les données sont rétroactives et cela peut prendre des mois pour les analyser, « la vie d'ici est très difficile », comme en conviennent Tsering et Sonam.

— Les espions, qu'ils soient tibétains ou han, sont immergés dans la société civile. On est bien tristes lorsqu'on découvre qu'un de nos amis a changé de camp et qu'il compose désormais avec le pouvoir… On se soupçonne constamment les uns les autres mais, à l'abri des regards, nous menons des actes isolés, individuels, aussi futiles qu'ils puissent te paraître, mais des actes de résistance, à notre façon. Plus le pouvoir en place sera répressif et plus la conscience tibétaine se renforcera. Tout le monde en est bien conscient. Ces actes isolés se sont intensifiés depuis les «émeutes du 14[1]». Les gouvernants déploient toujours autant de militaires dans les rues et nous souffrons de leurs intimidations quotidiennes. Mais, derrière, des portraits de hauts dignitaires religieux sont cachés, des informations sont diffusées. Ici, on s'entraide et on s'organise de plus en plus. Des connaissances qui sont bien placées dans l'administration publique préviennent des fouilles à venir et de la présence d'indicateurs à tel endroit ou dans telles institutions. Les policiers tibétains avaient été désarmés pendant les émeutes de mars dernier, les autorités ayant craint de les voir basculer du côté des manifestants. Encore aujourd'hui, des enlèvements de jeunes Tibétains sont orchestrés par les autorités à Lhassa. La plupart de ces personnes n'ont pas d'activités politiques. Cela peut arriver à n'importe qui à tout moment et sans aucune justification. La peur est contagieuse, elle peut rendre paranoïaque. Un ami m'avait fait croire que sa petite amie avait disparu et qu'elle restait introuvable depuis plusieurs jours. Bien sûr, je l'avais cru et j'en étais terrorisée. C'était en fait une blague! Les Tibétains prennent parfois le parti d'en rire…

Tsering me donne aussi quelques conseils : ne pas prendre de photos de militaires car les autorités reprocheront cet acte à l'agence de voyages ou même aux gens de l'hôtel qui devront alors payer une grosse amende, ou encore ne pas distribuer des photographies du quatorzième Dalaï-Lama, même si elles en réclament,

1. Émeutes du 14 mars 2008.

car en posséder est interdit et les peines encourues sont lourdes.

« Penche-toi et regarde maintenant les boutiques vers l'avenue. Tu vois toutes ces vendeuses de jeans, derrière les vitrines et au seuil des portes ? »

Sonam Tsang me lance un regard de tristesse. Ses sourcils se relèvent, ses yeux désapprouvent l'attitude de ces jeunes filles :

— Tu ne les trouves pas vulgaires et provocantes avec leur minijupe et leur fard à paupières ? Nous n'allons pas dans leurs magasins, ou très rarement. Les boutiques chinoises sont destinées aux Chinois. Les produits sont différents, les prix également. Nos salaires ne nous le permettent pas. Pour un même travail, par exemple de serveur, les Han recevront un salaire de cinquante yuans par jour et les Tibétains de trente yuans. En plus, avec un marchand han, il faut toujours compter deux fois sa monnaie ! J'aimerais bien ouvrir mon propre commerce…

— Mais pourquoi ne le fais-tu pas, Sonam ?

— Je ne parle pas chinois, je n'ai pas les relations qu'il faut. Les subventions ne sont pas destinées à des gens comme moi, je ne suis pas du bon côté. J'ai déjà un travail régulier et les risques de se faire licencier pour un rien sont nombreux. Je préfère rester prudent. Tu vois, Tsering Bamou n'arrive pas à décrocher un travail !

Une de leurs amies entre dans le café. *« Tashi delek ! Tashi delek ! »* Présentations faites, la jeune fille s'assoit. Elle ne parle pas anglais mais nous réussissons toutefois à bavarder quelques instants. D'autres clients attablés à proximité nous considèrent avec amusement et lorsque, finalement, nos voisins de table quittent l'établissement, la fille si policée au premier abord se met à me parler d'une manière assez brutale. Je ne comprends pas les paroles proférées mais je les soupçonne d'être graves. Sonam Tsang et Tsering Bamou me traduisent au fur et à mesure ses propos. Mes doutes sont confirmés.

De prime abord, les gens ressassent, en général, la version convenue de l'Histoire. L'opinion tibétaine est bâillonnée. Par peur des représailles, les Tibétains préfèrent se taire. L'article cinquante-quatre de la Constitution interdit tout acte contraire aux intérêts de l'État. Les mécanismes et les protections juridiques ont pour but de garantir à l'État le droit de transformer les régions des minorités nationales, plutôt que de protéger les citoyens ou encore d'assurer un recours légal contre les politiques[1]. Il est donc fortement conseillé de se taire. Seule la version des autorités chinoises de l'Histoire est autorisée. D'ailleurs, tout livre relatant une autre version est interdit et susceptible d'être saisi lors des fouilles de police dans les maisons. Les récits de voyage comme ceux d'Alexandra David-Néel et d'Heinrich Harrer qui sont appréciés par la population sont des cibles, me dit-on, alors même qu'ils sont en vente dans les autres provinces de Chine.

La jeune Tibétaine tente désespérément de me faire comprendre par des mimes et des envolées de gestes les scènes auxquelles elle a assisté lors des émeutes de 2008. Je la regarde de bas en haut, ses épaules tombantes, sou cou désarticulé. Son visage fuyant s'allonge en relatant les faits. Ses yeux sont fixés droit devant elle, plantés

1. Susette Coke.

sur l'axe de l'horizon devenu ligne de front, invisible à mes yeux, mais qu'elle seule peut imaginer. De l'article cinquante-quatre, elle se fiche. Des souvenirs récents des émeutes, elle en a plein la tête. « Cela fait déjà cinq mois qu'il y a eu les émeutes à Lhassa et nous avons encore du mal à en parler entre nous. Les souvenirs nous font trembler. J'ai été traumatisée par ce que j'ai vu et je fais des cauchemars toutes les nuits... »

Elle ne veut pas se taire, elle ne le veut plus. Quelque chose a été franchi dans son esprit depuis les événements. Peut-être est-ce justement cette ligne de front séparant ce qui par le passé était accepté en se taisant mais qui ne l'est plus désormais.

La jeune fille n'était pas descendue dans la rue lorsque la révolte s'était intensifiée et que la police armée n'avait pas encore repris le contrôle de la situation. « Derrière les vitres, je regardais. Ma mère, présente à mes côtés, me suppliait de ne pas sortir, et de ne pas m'approcher trop près des vitres. Une balle est si vite perdue, me disait-elle. Je suis donc restée. Ma poitrine se soulevait, mes lèvres peinaient à remuer. Je suffoquais à la maison. » Sonam continue de me traduire ses propos. Il m'est d'une grande aide pour la compréhension de la discussion.

« Il y avait des Tibétains rassemblés sur la place devant le Jokhang. Lorsque les camions ont commencé à décharger les soldats de l'Armée populaire de libération ainsi que les hommes de la Police armée du peuple et ceux de la police ordinaire, les Tibétains se sont mis à courir pour leur échapper. Ils brandissaient, haut dans le ciel, des *khata* blanches, couleur de paix, pour que les témoins puissent identifier leur appartenance ethnique.

Les soldats se sont précipités sur eux pour les arrêter. Plusieurs personnes n'ont pas réussi à s'échapper. Elles ont été traînées au sol puis frappées par les agents. Ils les ont frappées de toute leur force. Avec le poing, avec les pieds, jusqu'à ce qu'elles s'évanouissent. De ma fenêtre, j'ai également vu un adolescent se faire rattraper, il était à peine plus jeune que moi. Les forces de sécurité l'ont plaqué au sol pour ensuite le rouer de coups. Au bout de quelques minutes, il ne bougeait presque plus, il était sûrement inconscient. C'est alors qu'un soldat s'est saisi de sa *khata* pour l'étrangler. Cette vision ne me quitte désormais plus.»

En relatant ces faits, ses prunelles pétillent d'une fureur qui semble avoir été trop longtemps étouffée et qui reprend alors le dessus. La colère lui revient, comme chaque fois qu'elle se remémore les scènes, et elle semble l'éliminer en assenant un coup de pied dans le vide. «Il était interdit aux habitants de Lhassa de secourir les blessés gisant au sol, sous peine de recevoir des balles ciblées de la part des forces sécuritaires.» Seuls les cris des blessés se faisaient alors entendre. La jeune fille prend sa tête entre les mains, elle ne peut pas oublier ces hurlements. Nous baissons tous la tête. Plus personne n'a envie de parler.

Mais la Tibétaine n'a pas l'intention de se taire. Elle reste déterminée, même si sa voix se trouble. Quel avait été le geste déclencheur des émeutes ? Ce geste qui avait fait basculer les manifestations pacifiques du 10 mars 2008 en de véritables émeutes quatre jours plus tard et qui était la preuve que tout pouvait basculer d'un instant à l'autre, quelques mois à peine avant l'ouverture programmée des Jeux olympiques de Pékin. Ce n'est pas de cela qu'elle veut parler à présent, ni même de la réaction tardive des autorités chinoises face au débordement populaire.

« Pendant ces journées de révolte, j'ai vu trois adolescentes. Elles s'étaient regroupées pour jeter des pavés sur les forces de l'ordre. Elles n'ont pas eu le temps d'en jeter beaucoup. On les a abattues sur place. En pleine rue. Les militaires sont repartis, laissant le corps de ces trois jeunes filles à la vue de tous les habitants. »

Selon les sources officielles chinoises ou tibétaines, ce violent débordement a fait respectivement 20 ou 223 morts. La communauté tibétaine de France a enregistré 1294 blessés et 5857 personnes arrêtées dont 1200 ont été libérées depuis, selon une information de l'Administration centrale tibétaine mise à jour le 31 août 2009[1]. Différentes organisations internationales sur les droits de l'homme au Tibet, comme *International Campaign for Tibet*, ont listé un certain nombre de femmes parmi les personnes tuées, blessées ou emprisonnées de cette période.

Le schéma traditionnel des manifestations depuis 1987-1989 révèle l'importance du monde religieux ou monastique dans le déclenchement des protestations qui sont dans un premier temps pacifiques. Quantité

1. Pour les personnes qui ont été condamnées, « les verdicts sont tombés de manière arbitraire ou sans qu'aucune procédure judiciaire propre ait été effectuée. Les peines les plus lourdes ont été des peines capitales contre cinq Tibétains. Parmi les neuf autres Tibétains qui ont été condamnés à des peines d'emprisonnement à vie, certains ont été condamnés à être placés dans des cellules d'isolement avec un confinement extrême ». Site de la communauté tibétaine de France : www.tibetan.fr

de nonnes sont descendues dans les rues pour exprimer leur désaccord et un grand nombre d'entre elles ont été arrêtées ou assassinées. Les faits de résistance et de revendications visibles ne sont pas l'exclusivité du monde religieux, ils sont également relayés par la population civile. D'après les renseignements et témoignages recueillis par les réseaux d'informateurs et d'experts, les laïcs en 2008 ont été les meneurs des affrontements.

Elle insiste : «J'ai vu beaucoup d'adolescentes, des jeunes filles comme moi, protester.» Et elle ajoute : «Au Tibet, les femmes sont habituées à une large part de responsabilités, bien plus qu'en Chine. D'ailleurs, rares sont les jeunes filles tibétaines qui acceptent un mariage avec un Chinois qui n'est pas tibétain. Ces hommes ne font pas de bons maris.»

Le peuple du Toit du monde constitue une société nomade qui diffère des autres sociétés d'Asie : népalaise, indienne mais également et surtout chinoise. De par cette caractéristique, la femme tibétaine joue un rôle de premier plan, habituée par le passé à gérer seule les affaires du foyer et à tenir les comptes tandis que l'homme parcourait les grands espaces. La polyandrie, la polygamie et le divorce étaient autrefois autorisés. Pour qualifier l'organisation sociale du Tibet, on parle de complémentarité «os-chair», l'os désignant l'homme et par là l'effort, tandis que la chair désigne la femme et donc l'intelligence. Cette représentation revêt la femme tibétaine d'un statut et d'un caractère très indépendants. Le fait social est abondamment relaté dans la littérature, que ce soit par la liberté de mœurs affichée ou par le récit de femmes au destin peu ordinaire.

À des époques où les querelles de clans étaient violentes et sanguinaires et où parfois les ennemis se trouvaient déjà être les Chinois, des guerrières et des femmes chefs de contrées prenaient la direction de mouvements sporadiques de rébellion, ayant sous leurs ordres des centaines d'hommes. Les récits de leurs aventures firent couler beaucoup d'encre.

C'est l'exemple de Chime Dolma, née vers la fin du XIXe siècle dans une famille du Nyarong, au Tibet oriental.

« Elle était de taille moyenne, et avait un doux visage trompeur. Elle s'habillait toujours comme un homme et avait un pistolet sur elle en toute occasion. Dans sa vie, remplie d'innombrables querelles et batailles avec les autres clans, ce qui frappe surtout c'est sa profonde haine pour tout ce qui était chinois. [...] En 1935, un détachement de l'Armée rouge traversa le Nyarong, au cours de sa "Longue Marche" vers Shensi. Chime Dolma était alors engagée dans des querelles intestines, et dans des hostilités contre la garnison des Chinois nationalistes, installés dans le Nyarong. Mais elle décida de s'en prendre aussi aux communistes. Elle menaçait de terribles représailles tous les Tibétains donnant ou vendant des vivres aux soldats rouges, et aussi elle harcelait constamment leurs détachements en les canardant ou en leur tendant de soudaines embuscades [1]. »

C'est également l'exemple de la nonne Tinley Chodon qui mena la révolte de juin 1968 à Nyemo, près de Lhassa.

1. Djamiang Norbou.

«Le 13 juin 1968, Tinley Chodon et les siens massacrèrent quatorze cadres et soldats de l'armée populaire cantonnés dans le Barkhor. [...] Ses cibles étaient non pas les valets du capitalisme, mais les ennemis de la foi. Ces actes, d'une extrême violence, rallièrent des centaines de sympathisants et le mouvement s'étendit à dix-huit comtés. [...] Les Chinois se décidèrent à faire intervenir l'armée qui réprima la révolte dans le Nyemo. Tinley Chodon et quinze de ses partisans furent arrêtés, conduits à la capitale et exécutés [1].»

À présent, la société tibétaine se voit submergée par une organisation sociétale autre que la sienne et qui de surcroît n'accorde pas le même statut à la femme. Loin d'être impartiale et égalitaire, la «cohabitation» actuelle aurait dès lors des incidences graves et outrageantes pour les femmes tibétaines.

Sonam Tsang et Tsering Bamou ne parlent plus. Ils ont fini de traduire ce que voulait me dire la jeune fille, qui se tait, elle aussi. Très vite, Tsering Bamou reprend la parole :

— Tu sais, Élodie, nous risquons tous les trois la prison à vie pour avoir livré ce récit à une étrangère. Tu repartiras bientôt dans ton pays... et tu nous oublieras.

— Vous avez le courage de rester. C'est ça, le vrai courage.

Méditatif un instant, Sonam Tsang allume sa énième cigarette et ajoute :

— Notre avenir est bien sombre à Lhassa. Un soir,

1. Kim Yeshi.

promène-toi sur l'île de Jamalingka. Tu y verras la jeunesse chinoise... mais n'oublie pas, là-bas, ce n'est pas le Tibet. Bonne continuation dans ton voyage. Je dois rentrer chez moi, maintenant.

— Déjà ? lui demandé-je.

— Oui, Élodie. *Bjee guiduk*, j'ai peur. *Kalé shou*[1] *!*

— *Kalé pé*[2] *!* Merci, *tou di tché, Sonam Lak !*

— Nous y allons aussi, lance Tsering Bamou en prenant son amie par le bras. *Kalé shou*, Élodie*!*

— *Kalé pé ! Tou di tché !*

1. Au revoir, en tibétain, à celui qui reste.
2. Au revoir, en tibétain, à celui qui part.

8.

Le 10 mars : mort ou vif

« Les routes à travers l'Himalaya, facilement accessibles il y a une quinzaine d'années, ont été garnies de postes barrant non pas simplement la frontière du Tibet, mais ses approches à plus de cinquante kilomètres de distance. Les touristes désireux de visiter le Sikkim doivent obtenir un permis sur lequel il est inscrit que le bénéficiaire "n'est pas autorisé à pénétrer au Népal, ni au Bouthan, ni au Tibet, qu'il ne doit visiter aucun endroit, ni voyager, ni tenter de voyager par aucun chemin autre que ceux indiqués sur son permis". » Ainsi Alexandra David-Néel décrivait-elle la situation au Tibet au début du XXe siècle dans son livre *Voyage d'une Parisienne à Lhassa*. Pour la voyageuse hors pair, la plus grande difficulté qui suivait son entrée clandestine dans Lhassa en 1924 consistait à y rester.

Aujourd'hui, la situation est sensiblement similaire aux frontières de la République autonome du Tibet où les forces sécuritaires sont déployées aux entrées pour en contrôler l'accès. Cependant, la logique de l'administration régente est différente pour les étrangers qui se trouvent déjà dans la ville. Elle ne conçoit pas que quelqu'un puisse se trouver dans un endroit où il ne devrait pas être. S'il est là, c'est qu'on lui a forcément permis de s'y rendre d'une manière ou d'une autre. Par conséquent, lorsque des agents me demandent à l'entrée d'un temple l'autorisation officielle de pénétrer, il m'est facile d'user de subterfuges. De la sorte, il m'est possible de monter au Potala sans le permis demandé, de visiter les sanctuaires de la ville comme le temple de Ramotché et de sortir de Lhassa pour me rendre sur les rives du lac Namtso à deux cent quarante kilomètres.

Je m'engage sur les routes de montagnes de la rive gauche de la rivière Kyichu. Sur le bas-côté, un arbuste est recouvert de drapeaux à prières. C'est l'emplacement réservé aux funérailles des enfants. Lorsque la personne décédée est encore jeune, la dépouille démembrée sera lancée dans les torrents de la Kyichu. À l'instar des Parsis d'Iran, les Tibétains dépècent les corps défunts des adultes et les livrent ensuite aux vautours en haut d'un sommet.

Au cours de la cérémonie préalable, des moines assis en tailleur autour du cadavre, placé dans la position du fœtus, allument des feux d'encens et lisent des passages du *Bardo Thödol,* ou *Livre tibétain des morts.* Ils le veillent des jours durant pour le purifier par la récitation d'un mantra[1]. Ainsi augmentent-ils les mérites du défunt afin que celui-ci obtienne une meilleure renaissance dans la vie suivante, selon la loi qui régit la Roue de la vie ou, bien mieux, qu'il accède au royaume éternel de Bouddha.

1. C'est le mantra de Vajrasattva : « Ô Vajrasattva ! Puisses-tu, par ton pouvoir, apporter la purification, la guérison et la transformation. »

Ces pratiques sont encore en usage aujourd'hui mais elles se font en retrait et à l'abri des regards indiscrets.

« On ne naît pas pour mourir mais pour vivre », disait Antonin Artaud. Chez les bouddhistes, la mort est promesse d'une nouvelle vie, c'est la transmigration. En quelque sorte, on ne naît pas pour vivre mais pour ne plus naître. C'est par une loi automatique, mathématique pourrait-on dire, qui prend en compte nos actions dans cette vie, que se décidera si l'on naîtra à nouveau et si la nature de la vie suivante sera meilleure ou pire. Le karma est la rétribution de nos actes, il conditionne donc l'existence présente ainsi que les renaissances futures. « Seuls les ignorants parlent de punitions et de récompenses[1]. » Les mérites pour l'au-delà sont à gagner par notre présence d'esprit.

Le « moi », le *namshès*, est dans un carcan soumis aux passions sensorielles, désir de jouissance, désir de possession, dont il faut apprendre à se détacher. Elles ne peuvent apporter que des satisfactions éphémères et illusoires, et donc des souffrances. La souffrance vient du désir.

« Comme un vent violent qui balaie sur l'eau une nacelle, il suffit que l'un des sens entraîne le mental pour que l'intelligence soit emportée[2]. »

Les démons qui nous assaillent, qui anéantissent les bienfaits de la Parole de Bouddha, sont autant de penchants négatifs à guérir et sont ancrés en nous. Par la compassion, le seul fait de se dédier aux autres et de

1. Alexandra David-Néel, *Immortalité et Réincarnation.*
2. *Bhagavad-Gîtâ*, verset 67,

prendre leurs souffrances, nous détruisons l'attachement à un soi illusoire, source de notre errance sans fin dans le « cercle » des renaissances, le *samsara*. En connaissant les causes des souffrances dont le « cercle » est imprégné, en les maîtrisant et en nous détachant de notre ego, nous pouvons sortir du « cercle » et atteindre le *nirvâna* qui se traduit en tibétain par « au-delà de la souffrance ». Il est la délivrance absolue.

Beaucoup de théologiens confirmeront que cette philosophie bouddhique conduit à une résignation des pratiquants puisque les souffrances à endurer dans la vie augmentent les mérites et apprennent à nous détacher de notre ego. Pourtant, « nous savons maintenant que les civilisations sont mortelles », disait Paul Valéry à l'issue de la Première Guerre mondiale, et lorsque les dirigeants chinois parlent de réduire « les effets négatifs de la religion sur le développement et la stabilité de la région » ou lorsque les déclarations officielles associent la « construction de la civilisation spirituelle socialiste[1] » à la lutte contre le séparatisme et l'influence négative de la religion, cela soulève beaucoup d'interrogations quant aux perspectives données au monde ecclésiastique tibétain, celui-là même qui a forgé en grande partie l'identité tibétaine. L'avertissement du treizième Dalaï-Lama avant sa mort en 1933 résonne encore dans les esprits d'ici[2] :

« Commencer à envisager le jour où je ne serai plus là. Entre moi et ma nouvelle réincarnation, il y aura une période dépourvue de souverain. Nos deux puissants voisins que sont l'Inde et la Chine, tous deux possèdent

1. 10e Plan quinquennal de la RAT.
2. Claude Levenson, dans *Tibet, la question qui dérange*.

de puissantes armées. En conséquence, nous devons établir des relations stables avec eux. Il y a quelques États plus petits qui maintiennent une présence militaire à nos frontières. Aussi est-il important de maintenir une armée efficace, composée de soldats jeunes, bien entraînés et capables d'assurer la sécurité du pays. [...] Nous devons en particulier nous méfier des barbares communistes, semant terreur et destruction partout où ils passent. Ce sont les pires. [...] Sous peu, ils seront à nos portes. Ce n'est qu'une question de temps avant que nous soyons forcés de les affronter, que cela soit au sein de nos propres rangs ou de l'étranger.

« Lorsque le moment viendra, nous devons être prêts à nous défendre. Sinon, nos traditions spirituelles et culturelles seront englouties à jamais. Les noms des Dalaï-Lamas et des Panchen-Lamas seront voués à l'oubli, de même que ceux des dépositaires de la foi et des glorieuses réincarnations. Les monastères seront mis à sac et réduits en cendres, moines et nonnes chassés et exterminés. L'œuvre des grands rois religieux sera à jamais perdue, toutes nos institutions culturelles et spirituelles persécutées ou reléguées dans l'oubli. Le peuple sera dépouillé de ses droits et de ses biens ; nous deviendrons les esclaves de nos envahisseurs et n'aurons plus qu'à errer en vain comme des vagabonds. Tous les êtres vivants seront contraints de côtoyer la misère, le temps s'écoulera lentement dans la souffrance et la terreur.

« Je sais que l'harmonie et la prospérité demeureront de mon vivant. Ensuite, des souffrances considérables surgiront et chacun subira les conséquences de ses actes. Présentement, en temps de paix et de bonheur, quand le pouvoir vous appartient, travaillez en conscience et de tout cœur au bien commun. Usez de méthodes pacifiques lorsque celles-ci sont dues ; mais, dans le cas contraire, n'hésitez pas à recourir à des moyens plus énergiques. Œuvrons assidûment pendant qu'il est encore temps, afin qu'il n'y ait point de regret plus tard. Entre vos mains, vous fonctionnaires du gouvernement, vous détenteurs des Enseignements, et vous, mon peuple, repose le futur du pays. Oubliez vos rivalités et vos propres intérêts, ne perdez pas de vue l'essentiel. [...] Vous m'avez demandé avis et conseil. Voilà qui est fait. Je vous en conjure, prenez-les à cœur et efforcez-vous d'appliquer leur essence à tout ce que vous entreprendrez. N'oubliez pas ce que j'ai dit, l'avenir est entre vos mains. »

Aucun incident grave n'est venu entraver le bon déroulement des premières épreuves sportives. De retour à Lhassa, les jours passent ainsi, sans trouble ni allégresse, jusqu'à cet après-midi vers quinze heures où la ville est saisie d'une frénésie inhabituelle. Au fur et à mesure que l'on progresse sur la grande artère rebaptisée « de Pékin », des nuages entiers de poussière s'abattent aussi vite que la rue se peuple. On court d'un point à un autre. Quelque chose se passe. Cela se lit sur les visages. Les yeux s'affolent. Certains se protègent le visage avec leur foulard. Déjà on ne discerne plus que de vacillantes silhouettes qui étaient de simples passants quelques secondes auparavant.

Par-dessus des palissades, à vingt-cinq mètres tout au plus, des pelleteuses grattent silencieusement, presque gracieusement, les bâtiments endommagés lors des dernières émeutes. Elles s'acquittent de leur tâche avec obstination, défiant le jour et les habitants. Leurs échos se perdent dans le silence des badauds et ne trouvent aucun mur pour se projeter et se diffuser. En très peu de temps, cet espace aura été remodelé, alors les traces du récent passé s'éteindront. Sous la tempête des poussières à la forte odeur de brûlé, la peau est pâle et les murmures se confondent.

En revanche, le tumulte de la vie n'aura pas cessé à quelques kilomètres de là, au Norbulingka, le «jardin de la Pierre précieuse» qui est le parc des résidences d'été des Dalaï-Lamas où l'on célébrera le festival surnommé d'autorité «Shoton».

Bien qu'amputé de sa partie la plus symbolique pour les bouddhistes, le festival dit «Shoton» rassemble beaucoup de monde. Sur les flancs de la colline sur laquelle est accroché le monastère de Drepung, le déroulement du grand *thang-ka* de Bouddha Sakyamuni — trente mètres de long sur trente-cinq mètres de large — ne se fera pas en 2008, lors des prières du lever de soleil. Par mesure de précaution, les autorités ont tout annulé. Sécurité oblige. Il reste les danses et les chants folkloriques dans les parcs ombragés, de quoi satisfaire les quelques étrangers qui ignorent la tradition. Dorénavant, plus rien de l'incident de la veille ne paraît sur les visages. Chacun part probablement au festival avec l'énergie de l'espoir. Espoir de renouer dans la joie avec les festivités d'autrefois. Espoir de voir si la trêve peut se faire en de brefs instants.

Auparavant en marge de la ville, aujourd'hui encadré du musée historique de la culture tibétaine et d'immeubles de type HLM, le «parc du Joyau» du Norbulingka était le lieu d'apaisement et de retranchement des Dalaï-Lamas en été. La route qui mène du Potala au parc semble bien longue. Hôtels luxueux tels que le Holiday Inn, stations d'essence et garages. Des mécaniciens jouent aux cartes, accroupis sur le bas-côté, entre la ferraille corrodée à l'acide, les pneus calcinés et les débris de pots d'échappement noirâtres.

Dans les jardins, la foule est au rendez-vous. Les enfants trépignent. Les odeurs de friture se dissipent entre lampions et guirlandes. Les cannettes de bière avoisinent les théières. Les stands chinois d'une promotion tapageuse pour les breuvages alcoolisés côtoient les hautes estrades tapissées pour l'occasion sur lesquelles les troupes de danseurs et chanteurs, professionnels ou amateurs, commencent leurs activités. Des concours de chants sont organisés. Les enfants qui y participent chantent à tue-tête, comme si bien poser sa voix revenait à crier le plus fort possible. Le gagnant remportera une tournée générale de bières, offerte par les grandes compagnies chinoises dont les prétendues bonnes intentions ne seront pas passées inaperçues. Des jeux pour enfants dont la récompense est de l'alcool ! Les graines de l'alcoolisme sont insidieusement inséminées dès la tendre enfance... et ce phénomène va croissant parmi les jeunes générations et les laissés-pour-compte marginalisés sur leurs terres.

Les citadins se promènent paisiblement dans les parcs, allant du palais d'été au temple en passant sur l'îlot du Lukhang. Ils continuent d'honorer le Dalaï-Lama et se rendent sur les lieux qu'il a fréquentés jadis. Ils observent avec minutie les fresques des murs énonçant les épisodes de vie des protecteurs de la secte et les scènes de l'existence de Bouddha, les *Jâtaka*. Les gendarmes tibétains qui veillent au respect de l'ordre public sont bien acceptés des spectateurs. Ils passent et surveillent distraitement.

Les mélopées s'estompent au fur et à mesure que l'on s'éloigne des estrades. Les rayons de soleil se brisent sur les arbres. La végétation recouvre les semblants d'allées. Les hautes herbes se faufilent entre les dalles qui, piétinées par le passé, foulées par les armées, ne mènent plus qu'aux vestiges d'un temps ancien. Ronces, plantes sauvages et fougères voraces ensevelissent sans hésitation ni contrainte les bâtiments délabrés. Les temples et les demeures sont écrasés sous le poids d'un abandon peu scrupuleux. Les pierres sont conquises.

Pourtant, au milieu de ce déferlement de plantes exubérantes, on retrouve des signes de l'ordre ancien. En file indienne, les gens déposent quelques yuans au pied de chaque objet ayant appartenu au haut dignitaire religieux. Table de travail, trône, chaises à porteurs, carrosses... La liste n'est pas exhaustive. Des *khata* sont nouées aux lourds anneaux de métal qui ferment les portes des temples. Curieux pouvoir tout de même qu'entretient avec le peuple tibétain le Dalaï-Lama, considéré comme le bodhisattva de la compassion et de la miséricorde, *via* le fil de ses réincarnations. Le bodhisattva de la compassion est très souvent incarné par Avalokitésvara, *Chenrézig* en tibétain. Avalokitésvara est pourvu de mille yeux et mille bras pour, d'une part, percevoir la souffrance sous tous les angles du monde et, d'autre part, tendre les mille mains vers les malheureux en détresse.

Interdit, invisible, ailleurs et pourtant rendu présent, le Dalaï-Lama cristallise autour de sa personnalité toutes les aspirations et les appels à la liberté du peuple soumis aux pressions chinoises. On pourrait même rêver de le voir apparaître au détour du chemin broussailleux, dans sa longue toge, le sourire aux lèvres.

Les promeneurs traînent ainsi le pas dans les parcs avec l'angoisse du retour au « temps où le ciel est tombé sur la terre » et de la désagrégation encore plus forte d'un lieu qui a déjà été le témoin d'une tragédie.

Dans la nuit du 16 au 17 mars 1959, l'actuel Dalaï-Lama, quatorzième de la lignée, partit en exil en Inde depuis sa résidence d'été du Norbulingka. Il ne se doutait pas que, cinquante ans après, il lui serait toujours interdit de rentrer. Six jours avant sa fuite, la population de Lhassa avait craint son enlèvement. Une invitation douteuse dans une caserne chinoise stipulant qu'il devait s'y rendre sans gardes du corps ni serviteurs lui avait été adressée. Aussitôt les Lhassapas avaient spontanément encerclé le Norbulingka pour le protéger.

La fuite du haut dignitaire vers l'Inde, suivie de celle d'environ quatre-vingt mille Tibétains, mettait un terme explicite aux tentatives de coopération entre gouvernement tibétain et gouvernement chinois depuis 1950. Son exil avait été orchestré dans un contexte politique des plus tendus :

« Chez les Tibétains, je voyais grandir l'amertume et la haine à l'égard des Chinois ; et chez ces derniers la dureté et la détermination nées de la peur et de l'incompréhension [1]. »

1. Tenzin Gyatso, l'actuel Dalaï-Lama, *Mon pays et mon peuple*.

En 1955-1956, Mao avait lancé le mouvement dit de la « marée haute du socialisme ». Ce mouvement préconisait des « réformes démocratiques », à savoir la redistribution des terres et les *thamzing*, séances d'humiliation publique et d'autocritique, notamment pour les moines vénérés. S'ajoutèrent la collecte des armes, la sédentarisation forcée des nomades, la destruction des monastères et les exécutions sommaires. Si l'Accord en dix-sept points signé à Pékin le 23 mai 1951 épargnait pour un temps la République autonome du Tibet, il n'en était pas de même dans le Kham et dans l'Amdo. Les changements introduits dans ces deux zones tibétaines précipitèrent l'inévitable confrontation. Dans l'actuel Sichuan, à Ngawa et Kandzé en particulier, puis dans l'Amdo en 1959, les réformes déclenchèrent l'hostilité des nomades, par nature individualistes. Seule une minorité d'entre eux demeura libre de ses mouvements. C'est également à cette période que le mouvement de guérilla tibétaine connu sous le nom de *Chushi Gangdruk* ou « Quatre Rivières, Six Montagnes » fut créé dans le Kham.

En 1955, la révolte des Khampas s'était traduite par un bain de sang et un afflux massif de réfugiés du Kham et de l'Amdo sur les routes de l'exode vers Lhassa. Le gouvernement chinois n'avait pas hésité à mater la rébellion par des bombardements et autres dispositifs militaires de grande envergure. Des rumeurs qui se répandaient jusqu'aux portes de Lhassa terrorisaient la population de la capitale : « Tout le Tibet va s'enflammer prochainement ! » prédisaient les Khampas forcés à l'exode.

Les autorités se vengèrent de la fuite clandestine du Dalaï-Lama de 1959 en faisant régner la terreur, baignant de sang les rues de Lhassa et usant des parcs du Norbulingka comme de centres de rétention. Une fois l'écrasement du soulèvement antichinois dans les rues de la capitale terminé, les séances de *thamzing* ainsi que les violences systématiques, accompagnées de purges visant les classes lettrées et aisées, déferlèrent sur l'ensemble des territoires tibétains, y compris en République autonome du Tibet. Le pire était encore à venir lors de la Révolution culturelle qui débuta en 1966 et durant laquelle de violents combats se déroulèrent dans les rues de Lhassa, laissées aux mains des farouches gardes rouges[1].

Une époque trouble pendant laquelle la violence laisse aujourd'hui un refrain irritant dans les esprits de ceux qui l'ont connue et dont le «devoir de mémoire» est encore occulté.

La date du 10 mars, jour des premières manifestations de 1959 à Lhassa, est donc devenue la date anniversaire du soulèvement qui vit le départ pour l'exil du Dalaï-Lama. Symbole de contestation et de résistance pour le peuple tibétain, le 10 mars 2008 réitère son expression de désaccord pacifique à l'occasion du quarante-neuvième anniversaire de la fuite du Dalaï-Lama en Inde. Le paroxysme des tensions est atteint le 14, jour durant lequel les protestations tournent à l'émeute et qui reste ancré à l'heure actuelle dans les mémoires des Tibétains. Ce n'est que plusieurs jours après que les forces de l'ordre chinoises interviennent.

1. De 1958 à 1968, la période du «Grand Bond en avant» aurait fait environ 700 000 morts, voire davantage, au Tibet.

L'approche des Jeux olympiques, le mécontentement populaire vis-à-vis de la politique chinoise à l'égard des pratiques religieuses, les frustrations engrangées depuis des années, voilà beaucoup de causes de révolte. Les originalités cette fois résident dans la participation aux agissements contestataires des laïcs, et notamment des nomades, ainsi que dans l'ampleur des foyers de révolte dans ces zones situées hors de la RAT, dans les anciens Kham et Amdo. En s'étendant à ces zones, les émeutes ont esquissé les pourtours de l'unification et solidification politique d'un peuple longtemps tiraillé par des divisions internes. La révolte des Khampas de 1955 fut l'un des exemples de ce nationalisme tibétain qui se déclinait auparavant sur un mode local.

Il est clair que la tournure de la révolte de mars 2008 a conféré un moyen d'expression non habituel aux Tibétains. Elle leur a révélé une complicité à laquelle la majorité d'entre eux adhère, une complicité qu'il aurait été dangereux de partager auparavant. Les émeutes représentaient-elles un moyen de faire surgir spontanément le ressentiment et les frustrations engrangés par toute une lignée familiale et qui trouvaient enfin écho dans l'expérience commune ? Apportaient-elles la preuve irréfutable que la conscience tibétaine dont la Chine veut se débarrasser palpite toujours sous la gangue de fer ?

Dans l'une des allées, un groupe de filles aux cheveux bien tressés, élégantes dans leur *tchouba,* s'émoustille au passage de jeunes Khampas, beaux comme des dieux, vêtus d'un long manteau noir, les hanches ceintes d'une fine cordelette rouge. À la fois vaillants et fiers dans leur allure et fragiles par les traditions qu'ils portent sur eux. Un calme innocent règne de toute évidence dans le parc. Et puis, subitement, un rire. Un rire qui déchire la vision de silence et de candeur. Et ce rire retentit de plus belle.

Il est né d'un groupe de femmes, assises derrière des buissons, éloignées du chemin. Les femmes sont des vendeuses de *pali*, des galettes de pain à base de farine d'orge, garnies aux légumes et à la viande de yack. Si dans l'instant, n'était-ce qu'une seconde, j'avais détourné mon esprit de ce rire, c'est que je basculais dans la marginalisation inconsciente ou l'usure insidieuse.

Le voyage en solitaire est un état d'alerte permanent pour les sens et les rencontres mais la solitude et les difficultés sont de lourds fardeaux qui pèsent et épuisent, tout particulièrement lorsque l'on ne maîtrise pas la langue du pays. Les risques que peuvent encourir mes interlocuteurs en me parlant sont nombreux et graves et je me laisse parfois gagner par la crainte de les voir menacés. Je m'enchaîne à mon tour à la logique de persécution policière dont est victime la population. Celle-ci oblige les peuples à se taire. Passée sous silence, la révolte de mars dernier a serré les gorges et lacéré les visages. Le rire, expression de joie et de laisser-aller, tout humain de spontanéité qu'il puisse être, raie le quotidien auquel je m'étais habituée. « L'observateur, dit Baudelaire, est un prince qui jouit partout de son incognito », et cette entorse à la résignation me rappelle à mon privilège, aux bons conseils de Tsering Bamou et de Sonam Tsang ainsi qu'à cette réflexion d'Alexandra David-Néel disant que le Tibet est avant tout un pays de réjouissances et de festivités, de rires et de convivialité.

Ici, pas de timidité affectée, en dehors des chemins battus. Les femmes m'invitent à leur ronde sur l'herbe.

Cheveux légèrement défaits, pommettes hautes, menton altier, l'une des vendeuses, Gyaltsen, appartient à une sorte de noblesse racée. Sa chair généreuse comme de la glaise modèle tout en rondeur son visage au teint cuivré. Par des élans vers les autres emplis d'allégresse et d'audace, elle caresse la vie avec des rires. Ne se posant pas beaucoup de questions, elle suit simplement son bon sens. Ses yeux sont sans arrière-pensée, immenses. Peut-être est-ce la désinvolture se dégageant de son allure qui lui donne des faux airs de souveraine vagabonde.

À vrai dire, nous ne nous comprenons pas très bien mais suffisamment pour que je devine son activité professionnelle. Elle vend à la sauvette toutes sortes d'articles, sacs, bonbons, *pali*, dans les parcs ou dans les rues de la ville. Monnayant les *pali* à un yuan la pièce, soit un centime d'euro environ, Gyaltsen est pourtant loin d'être une souveraine. Avant de nous quitter, elle griffonne sur mon calepin le nom d'une bourgade ainsi qu'un vague schéma pour y accéder. «Viens dans ce village dans quatre jours. Il est à moins d'une journée de route de Lhassa. Surtout n'oublie pas!»

Elle serait tombée des nues si elle avait su que j'étais en situation irrégulière. Pour elle comme pour les autres Tibétains, le fait que je sois à Lhassa signifie que je possède l'autorisation pour y être.

9.
Les clochards célestes

Sur la place du Potala, dans un décor de carton-pâte sans âme, une exposition de photographies, étincelantes de couleurs, atteste la joie des Tibétains de vivre en Chine socialiste. Costume noir et cravate pour les fonctionnaires chinois venus assister au vernissage en plein air, longue robe pour les épouses. Les invités solennels me saluent avec un étonnant sourire de connivence.

Ainsi se croisent aujourd'hui sur la place des visiteurs guindés, des voyageurs, des Lhassapas et de jeunes Tibétains aux vêtements défraîchis qui trouvent un malin plaisir à se mêler aux mines réjouies des organisateurs. Je me glisse dans les sillons de ce groupe de jeunes et nous sympathisons.

Visite vite écourtée de l'exposition : nous prenons place sur un banc à l'ombre des arbres de la place et discutons un moment. Le soleil est au zénith et, derrière nous, le Potala se détache dans l'azur. À observer leur allure, mes nouveaux compagnons ne sont pas de Lhassa. Je les interroge. Ils viennent des alentours pour le festival célébré dans le monastère de Drepung.

En ce moment, les rumeurs circulent vite parmi les habitants de Lhassa concernant les activités des forces paramilitaires dans les monastères et je me risque à leur demander des précisions quant à Sera, Drepung et Nechung qui sont les trois plus importants autour de Lhassa. D'une heure à l'autre, d'une rue à l'autre, les opinions divergent, ce qui ne favorise pas la fréquentation des lieux sacrés. Hier matin, par exemple, il était dit que les militaires avaient évacué les lamaseries mais un appel téléphonique confirmait leur réintégration. Aujourd'hui, il est apparemment possible de s'y rendre. Eux connaissent le terrain. Ils me proposent de faire un bout de chemin ensemble, avant de repartir dans leur village. Je les suis naturellement, sans leur demander plus d'explications et sans posséder rien d'autre que cette spontanéité née des rencontres imprévues.

Joyeux, nous filons pour Sera à grandes enjambées. À peine sommes-nous sortis des grandes avenues du centre-ville que déjà nous pressentons les vastes étendues des plateaux environnants. Les militaires se font moins fréquents et ne pourrissent plus l'atmosphère. Nous n'appartenons plus au confinement de la cité. Pourtant, coup d'œil à droite, des bâtisses détruites trahissent notre exil urbain ; coup d'œil à gauche, d'importants centres commerciaux.

Au-delà des premiers sentiments, l'acharnement de mes nouveaux amis à relever quotidiennement la tête ne m'inspire ni pitié ni révolte mais admiration. Un mécanisme intérieur les empêche de fléchir et de courber l'échine. Ce ressort qu'ils ont en commun les encourage à progresser dans leur vie, à n'appartenir qu'à l'instant.

On se ficherait du reste : des regards soupçonneux ou ébahis des gens que l'on croise, des lois d'ici qui nous interdiraient de nous lier de trop près. Ces jeunes vagabonds dénouent les fils qui pourraient les retenir aux conventions sociales et les emprisonner dans une société constamment sous contrôle. Quelle perspective peuvent donner ces vagabonds à l'avenir du pays ? Je suppose que ces jeunes gens savent qu'ils ne courent pas après un avenir radieux dans une société qui les oblige à se moderniser et à consommer à l'excès.

Au Tibet, les mendiants, clochards des bas-fonds ou moines errants, ne sont pas marginalisés et demandent l'aumône en silence. À l'inverse, les Chinois regardent d'un mauvais œil les quémandeurs et sont encore plus critiques quand une étrangère se mêle à eux. Combien de résidents immigrés sur les terres ne désapprouvent-ils pas les personnes qui poussées par le vent de l'hiver sur les routes viennent dans les grandes villes saintes en pèlerinage ? Car « au Tibet nul ne pérégrine pour son plaisir, les gens considèrent comme absurde de voyager quand on n'est pas appelé dans un endroit déterminé pour affaires ou que l'on n'accomplit pas un pieux pèlerinage », comme l'expliquait Alexandra David-Néel dans *Voyage d'une Parisienne à Lhassa*.

Les vagabonds viennent plus fréquemment des régions agricoles du sud du Tibet. Une fois la terre au repos, pour acquérir des mérites, ils s'engagent sur les routes vers les lieux de pèlerinages, comme mendiants ou saltimbanques dans les maisons de thé. Les mérites acquis par les fidèles augmentent en fonction des souffrances et des difficultés qu'ils affrontent sur les routes.

Territoire des quatre Lieux saints du bouddhisme,

l'Inde de l'errance des temps anciens est de nos jours plus difficile d'accès pour les moines itinérants. Ils peuvent malgré tout partir en pèlerinage sous réserve d'obtenir les permis pour demander un passeport, un visa chinois de sortie et un visa indien d'entrée. Ils préciseront leur itinéraire exact en Inde et devront s'en tenir à la feuille de route. De plus, il leur faudra recevoir du comité directeur du monastère une autorisation et une sorte de garantie concernant leur retour au Tibet, une fois le pèlerinage accompli. Les démarches sont donc longues et très souvent infructueuses.

L'affluence des pèlerins à Lhassa est plus importante en hiver qu'en été : la ville sainte est de ce fait plus belle. En particulier lors de la fête du Nouvel An tibétain, le *Lossar*, où les vêtements sont davantage colorés. Les auberges sont alors remplies d'individus arrivés des quatre coins du Tibet pour le pèlerinage annuel au Jokhang durant lequel les moines dévoileront la statue très vénérée du *Jowo* et autres divinités sacrées.

Mais, outre les moines itinérants et les bardes venus d'un autre temps, de tout autres mendiants vagabonds sont apparus dans Lhassa, sur la place du Potala et dans le traditionnel Barkhor. Ces derniers n'ont rien fait pour devenir des laissés-pour-compte de la société. Trop jeunes pour le vouloir, trop innocents pour dénouer les fils du sort qui leur est réservé. Les petits cireurs de chaussures de cinq ans à peine arborent sans relâche leur chiffon graisseux et leurs boîtes à cirage à la conquête de souliers de cuir. Le soir venu, ils dormiront là où ils pourront, dans des ruines ou dans des abris pour orphelins.

Avec moins de méfiance que de jugement, les Chinois

han de Lhassa ont pour habitude de dire que les Tibétains jettent leur argent aux divinités et ne consomment rien. Mes compagnons de route semblent être l'archétype de cette brève généralité. Venus spécialement pour le festival du monastère de Drepung, ils fréquentent «bien entendu!» les monastères et ont trouvé une manière un tant soit peu originale de gagner quelques yuans lors de leur escapade. Ils ramassent les ordures en plastique qu'ils trouvent sur leur passage pour les faire recycler. Hier et aujourd'hui, c'est leur activité. Demain, ils en trouveront une autre. Qu'importe demain! Et chacune de nos étapes suffit à nous redonner le sourire.

Au rythme lent de la marche, les jeunes vagabonds sont à l'affût de l'inattendu. Ils font de la piste de l'imprévisible. Ils échangent entre eux des plaisanteries; l'amusement redouble et chaque détour devient prétexte à un jaillissement de nouveautés. Le champ des possibles s'ouvre et l'espoir resurgit.

Pantalon bouffant trop court et rentré dans de larges guêtres noires, chaussures éventrées, veston en velours que l'usure fait reluire, celui que je surnomme dans le groupe «le clochard céleste» semble venir d'un autre temps, d'un autre lieu. La fine pellicule de crasse sur son visage ne dissimule pas la finesse de ses traits. Son œil est vif et malicieux. Ses cheveux hirsutes sont aussi secs et poussiéreux que le pelage d'un yack. Il porte en bandoulière la sacoche qui contient les matériaux en plastique ramassés le jour même. Bien loin de vouloir en faire un style, le garçon de Lhassa d'allure bohème a du gamin de Paris l'insolence et l'esprit rebelle. À vingt-six ans, il se fiche pas mal du lendemain. Il profite de la vie et savoure l'instant. A-t-il une maison? Dort-il à la belle étoile? Peut-être d'ailleurs dormirons-nous ce soir à la belle étoile quelque part dans Lhassa… Le jeune homme a dans les yeux un je ne sais quel soupçon de hardiesse en plus qui est inhabituel chez les clochards. La plupart des mendiants prennent l'air niais pour attirer la pitié des donateurs. Lui en revanche a acquis une bonne dose d'humour et aime faire le pitre dans la bande.

Au cours de notre fugue joyeuse vers la banlieue, les langues se délient, les esprits aussi s'échauffent. Moments volés, innocence retrouvée. Dans le dénuement et l'urgence, l'espace s'ouvre et le voyageur s'y glisse, comme entre les coulisses d'une porte. Dans le vertige enivré du goût de l'aventure et de la liberté, le voyage devient non pas repli sur soi mais préoccupation des autres.

Avec son air désinvolte, « le clochard céleste » brise tout symbole de l'ordre chinois rencontré sur notre route. Une patrouille de police lave sa voiture de service. Le voici en train de s'emparer du tuyau d'arrosage resté à terre et, avec le mince filet d'eau qui continue de s'écouler, il commence d'asperger les policiers avant de le braquer sur nous autres. Nous nous enfuyons en poussant des cris de joie, des « *Choshe! Choshe!* », « Hourra ! Hourra ! ». Nous disparaissons si vite que les hurlements des policiers énervés ne parviennent pas à nous ralentir, et nous encouragent même à poursuivre dans notre insouciance : « Que ta tête se dessèche, vieux chien de l'enfer[1] ! »

Quelques mètres plus loin, avec des cailloux ramassés sur le trottoir, « le clochard céleste » fait mine de les jeter sur la façade d'un hôtel chinois. Avant même qu'il les

1. Traduction de « Mille milliards de sabords ! » du capitaine Haddock.

lance, un gardien sort en trombe et nous prenons nos jambes à notre cou, plus hilares que jamais. J'entrevois dans ces actions les signes précurseurs de « la grande révolution des sacs à dos », décrite par Kerouac dans *Les Clochards célestes* !

« Il faut imaginer le monde comme le rendez-vous des errants qui s'avancent sac au dos, des clochards célestes qui refusent d'admettre qu'il faut consommer toute la production et par conséquent travailler pour avoir le privilège de consommer et d'acheter toute cette ferraille dont ils n'ont que faire. [...] J'entrevois la grande révolution des sacs à dos. »

Un jeune du groupe, au visage sans beauté et aux larges épaules, m'inspire de la méfiance. Constamment à l'écart de notre troupe, il ne prend jamais part à nos jeux. Ses yeux sont à un tel point morts qu'il en devient difficile de percer une once d'âme dans son corps. En chemin, il nous quittera sans dire un mot. Il s'est arrêté pour faire une partie de cartes illégale. Les jeux d'argent sont interdits dans toute la Chine. Les organisateurs s'installent à même la rue et, en moins de deux secondes, rassemblent quatre ou cinq badauds. Une fois la mise remportée, ils disparaissent aussi vite qu'ils sont arrivés.

À l'approche du monastère de Sera, nous ralentissons notre cadence. Un mouvement de foule déferle sur nous avec une énergie furieuse. Non loin, se tient la prison tant redoutée de Drapchi. Là où, en mai 1998, une dizaine de moines prisonniers crièrent « Tibet libre ! » dans la cour du centre de détention avant d'être sauvagement torturés à mort.

Emplis d'un regain d'excitation, les yeux écarquillés, à l'affût, nous n'hésitons pas une seconde à nous mêler au mouvement de foule. Notre insouciance s'estompe à l'approche d'un convoi militaire peu ordinaire. Les forces paramilitaires se sont tout à coup faites plus denses. Les esprits sont déchirés par les sirènes hurlantes des voitures de police qui escortent le camion entièrement grillagé, les bouches se ferment dans le mutisme. La marche militaire à laquelle nous assistons nous rappelle à la réalité : les caméras de surveillance sont omniprésentes dans les rues, nos petites imprudences commises sur le chemin risquent d'avoir été enregistrées. Nul ne peut échapper à l'œil vigilant des autorités omniscientes.

Et à leur tour mes compagnons de route disparaissent dans le roulement sourd du convoi qui s'éloigne déjà.

10.
À la recherche du moine…

Celui qui interroge se trompe,
celui qui répond se trompe.
Le Bouddha

À droite, des démons à tête d'oiseau, aux pieds fourchus qui émergent de tréfonds de couleur bleu grisâtre. À gauche, des hommes à la silhouette de monstres qui en scient d'autres. Ils scient, tordent, éventrent, cuisent. Les humains deviennent des pantins désarticulés aux mains de diables. D'autres sont pendus à des arbres, les loups guettent leurs dépouilles. Horribles démons aux pieds crochus, aux ongles longs et aux yeux effroyables. Les *Dâkinî* sont en furie. Le juge des Morts à la tête de taureau, *Shindjé,* veille fermement.

Après sa mort, l'être humain se réincarne en fonction de son karma dans l'une des six sphères de l'existence, dont aucune n'est agréable. La pire renaissance est l'enfer où l'homme souffrira de tortures sans fin.

Relevant la tête, je me trouve dans une salle remplie de *thang-ka* qui recouvrent les murs dans le monastère de Sera. Les *thang-ka* enfantent les fabulations des plus magiques et terrifiantes. Parmi les personnages principaux très farouches, on reconnaît Mahâkâla au ventre enflé, noir ou bleu, et pourvu de nombreuses mains avec parfois plusieurs faces ou encore Yamântaka, le Destructeur de la mort foulant des pieds le buffle porteur du dieu-Mort Yama, lui aussi pourvu de nombreux visages, bras et jambes. Suspendues dans les salles des monastères, ces gouaches narratives étaient utilisées par les conteurs ambulants d'antan lors de leurs pérégrinations de village en village pour éclairer leurs propos. Les *thangka* illustrent avant tout le panthéon du Vajrayâna, le « Véhicule de diamant », appelé également en Occident tantrisme ou encore bouddhisme tantrique indo-tibétain. Elles peuvent aussi représenter des mandalas, évoquer le *Bardo* — l'état intermédiaire avant la Réincarnation — ou montrer des grands lamas et leur filiation spirituelle, le héros épique Guésar de Ling et des topographies des hauts lieux du bouddhisme tibétain. Parfois encore, les *thang-ka* illustrent le panthéon du Bön, subtilement différent de celui du « Véhicule de diamant ». Ce sont les dieux et les démons autochtones que les Tibétains n'ont pu se décider à bannir lorsqu'ils ont adopté la tradition bouddhique de l'Inde, pays sacré par excellence dans l'imaginaire des Tibétains — ou *phags yul* dans leur langue. Leur existence persistante donne lieu encore aujourd'hui à des rituels de superstition.

Les cérémonies de la religion prébouddhique Bön témoignaient déjà des influences étrangères : mazdéisme, confucianisme, taoïsme. Le monde avait été créé par des catégories de dieux dont l'une qui résidait sur l'un des treize étages du ciel avait pour tâche d'assurer la stabilité de la terre en devenant les montagnes, «piliers du ciel». Le culte des dieux-montagnes fut probablement l'un des plus importants. Outre les dieux-montagnes, l'univers était peuplé de nombreuses entités invisibles, bienveillantes ou démoniaques selon le comportement des hommes. La religion primitive prenait alors une part active dans les relations entre les dieux ou les démons et les hommes. Des prêtres, *Bon* et *Shen*, devaient soit les amadouer soit les effrayer. Alexandra David-Néel mentionne par exemple «la coutume de donner des aliments aux *Yidags* Géants au ventre démesuré dont la bouche est un trou minuscule permettant tout juste le passage d'une aiguille, les *Yidags* sont perpétuellement torturés par la faim et l'eau qu'ils cherchent à sucer se change en flamme à leur approche. Pour désaltérer ces misérables êtres, chaque matin, de l'eau leur est offerte et celle-ci, par la vertu des phrases magiques prononcées par l'officiant, ne se transforme point en feu[1]».

Aux jours actuels, le scénario le plus représentatif de la survivance de la religion populaire prébouddhique est visible lors des festivités du Nouvel An tibétain, le *Lossar*, dont l'influence originelle est à chercher dans le mazdéisme iranien. Cette fête se célèbre à l'approche du mois de février. Elle se décide en fonction du calendrier lunaire, et plus exactement en fonction de la nuit de pleine lune du premier mois de l'année.

Les festivités précédant le Nouvel An s'étalent sur quatre jours. Le premier de ces soirs, les pétards éclatent dans les rues, les feux d'artifice explosent dans le ciel.

1. Alexandra David-Néel, *Voyage d'une Parisienne à Lhassa.*

On chasse le mauvais œil et les démons des habitations en les effrayant. On exorcise alors les impuretés. Cette pratique n'est guère possible dans le bouddhisme puisque c'est la loi de causalité qui régit le karma. Au cours de la soirée suivante appelée *Goudou*, des effigies de papier ou *ling-gha* sont brûlées sur le seuil des maisons devant une rangée de bougies alimentées par du beurre. Le lendemain, dit *Nanga*, on offre aux personnes qui rendent visite des plateaux de nourriture, *kabsé, tsampa*, morceaux de viande de yack séchée, *tchang*. Ensuite, vient la journée du Nouvel An, le *Lossar*. La Roue du temps tourne et une nouvelle année débute.

Les trois monastères, Sera à l'est, Drepung et Nechung à l'ouest, surplombent la masse grouillante et affolée de la ville. Transformées en ombrageuses forteresses assiégées par les barrages de sacs de sable érigés au-devant des portails, les lamaseries ont à présent, semble-t-il, retrouvé leurs activités religieuses. Elles sont tout juste réouvertes depuis les émeutes de mars 2008 et les troupes de militaires se sont presque toutes évaporées.

L'univers demeure clos et sacré. Le sanctuaire aux murailles hautes et blanches comme le mur des Lamentations de Jérusalem, avec des palais rouges et des toits d'or, renforce concentration et méditation, en éloignant la vie ordinaire. Un bruissement de robes se fait entendre. Les ombres fantomatiques de quatre moines en toge aux épaules droites dévoilées passent leur chemin. L'un d'eux a l'allure d'un petit gnome. Il prend le temps de me sourire d'un air béat et sympathique avant de rejoindre le groupe.

Ombres fantoches à Lhassa, les seuls moines avec

lesquels j'ai pu discuter assez librement durant mon périple tibétain auront été ceux du Qinghai. Ici, les pressions sont fortes, les espions et les micros trop présents.

Le bouddhisme s'ancra au Tibet sous les règnes successifs des rois de la Yarlung. Bien que l'on imputât à Songtsen Gampo au VIIe siècle la première vague de diffusion, ce fut sous le règne de son arrière-petit-fils Trisong Detsen au VIIIe siècle que la religion fut réellement implantée et que l'on nota une évolution intellectuelle du pays avec la construction des premiers monastères, l'organisation de débats philosophiques et la création d'ateliers de traduction, sous l'impulsion de deux pandits indiens, le moine Shântarakshita et le grand maître tantrique Padmasambhava. Né dans le Gandhara entre l'Afghanistan et le Pakistan, Padmasambhava fut invité par l'empereur tibétain vers 779 afin de subjuguer les dieux et les démons locaux qui entravaient le bon déroulement des travaux de construction du premier monastère de Samye.

Le Bouddha n'avait reconnu aucune autorité autre que sa doctrine. Il avait seulement dit : «Après moi, c'est la Loi (le Dharma) qui vous dirigera[1].» D'où l'appellation de cette lignée de rois : «les rois selon le Dharma». Un des nombreux mythes des origines veut que Bouddha, avant d'accéder au *nirvâna*, ait donné la mission au bodhisattva Avalokitésvara, personnification de la compassion, de convertir le Toit du monde au bouddhisme. Ces terres étant déjà occupées par les démons, Avalokitésvara prit

1. Hubert Durt et Mikhaïl Xifaras.

la forme d'un singe ermite et, s'unissant à une démone des rochers, engendra le peuple tibétain. Par la suite, la tradition bouddhique reconnut en la personne du premier empereur tibétain Songtsen Gampo la manifestation du bodhisattva Avalokitésvara et, en ses épouses népalaise et chinoise, les manifestations de la « Salvatrice », la Déesse Târâ, dans ses émanations Blanche et Verte respectivement.

Un autre mythe des origines rend compte de la formation du peuple tibétain par la descente du ciel d'un roi sur la terre grâce à la corde céleste *mu*. Le roi épousa une reine qui lui fit un fils. Lorsque ce dernier fut assez âgé, le roi remonta au ciel par cette corde. Plusieurs générations utilisèrent ce procédé jusqu'au jour où l'un des rois, sous l'influence d'un sorcier maléfique, rompit maladroitement la corde, bloquant ainsi le chemin du retour vers le ciel. Cela donna naissance à la première lignée de rois mortels que furent les rois de la Yarlung.

Cette descendance de rois s'arrêta avec l'assassinat du roi Langdarma en 842 à qui la tradition tibétaine imputa la persécution du bouddhisme en raison de son influence grandissante qui affaiblissait l'empire. Ce fut également la fin du bouddhisme « institutionnel » patronné par le pouvoir des souverains. La conversion du Tibet au bouddhisme fut un processus lent et progressif. La population ne sembla pas y adhérer largement, alors que prenait déjà fin la première période de diffusion de la religion. De cette époque, l'identité tibétaine acquit néanmoins certaines de ses caractéristiques les plus fondamentales : le choix du bouddhisme indien préféré au bouddhisme chinois et déclaré religion d'État en 767, le choix de la langue et de l'écriture dérivée de l'alphabet sanscrit et non des caractères chinois, le choix de l'économie mixte unissant nomades et sédentaires. Déjà le Tibet se tournait vers l'orbite culturelle indienne plutôt que chinoise.

Lorsque le Tibet adopta le bouddhisme aux VIIe et VIIIe siècles, c'est-à-dire plus de mille trois cents ans après l'existence de son fondateur, la religion avait déjà connu de profondes transformations en Inde et dans d'autres pays bouddhisés et subissait alors l'efflorescence du tantrisme. Par leurs échanges commerciaux avec les autres pays majoritairement bouddhistes et à travers leurs conquêtes militaires en Chine, en Asie centrale, au Cachemire et au Népal, les Tibétains avaient été en contact avec toutes les déclinaisons religieuses qui coexistaient à l'époque.

Le Grand Véhicule ou Mahâyâna était déjà apparu (dès le IIe siècle de notre ère) et un autre développement s'était produit au Ve ou au VIIe siècle (la date reste discutée), qui avait donné naissance au «Véhicule de diamant», plus communément connu sous le nom de tantrisme. «Celui-ci, qui adhère aux positions doctrinales du Grand Véhicule, offre des techniques méditatives et psychophysiologiques pour atteindre l'illumination en une seule vie et non selon l'interminable processus de purification du karma au long d'innombrables renaissances. Il professe également que cette voie peut être suivie aussi bien par des moines que par des laïcs [1].» Les techniques utilisées par cette voie, à savoir les courants

1. Anne-Marie Blondeau, dans *Pékin 2008. Le monde en jaune*, Éditions Érès, 2009.

extatiques ou le recours à des partenaires féminines, choquèrent les contemporains non initiés et rendirent méfiant l'empereur tibétain lui-même. Cependant, le «Véhicule de diamant» continua de coexister avec les autres voies bouddhiques.

À la fin de la première phase de diffusion de la religion, les monastères furent pour la plupart abandonnés et les moines dispersés. Seules de petites communautés religieuses continuèrent leurs activités : l'une dans l'Amdo et l'autre à Ngari, au nord du Tibet. À partir d'elles, le bouddhisme reprit vigueur plus tard, au XIe siècle, sous l'impulsion en 1042 du grand pandit indien Atîsha qui proclama «la gradation des Véhicules selon les capacités intellectuelles et spirituelles des adeptes», c'est-à-dire l'intégration des trois courants du bouddhisme, une des particularités du bouddhisme tibétain. «Les Tibétains intègrent les trois "Voies" dans un système unifié de marche vers la délivrance, selon lequel le Petit Véhicule est destiné aux êtres de capacités mentales et spirituelles moyennes, le Grand Véhicule s'adresse aux êtres dont les capacités sont très bonnes, tandis que le tantrisme est réservé aux êtres de qualité supérieure [1].»

La proportion de jeunes Tibétains adeptes du tantrisme fut si grande aux XIe et XIIe siècles, dans une période où la recherche mystique était intense, que les disciples durent s'organiser en véritables communautés. Cela donna naissance aux «écoles» du bouddhisme tibétain : Sakyapa, Phag-mogru-pa, Karma-Kagyü, Kagyüpa qui se distinguent entre elles plus par le mode de transmission des

1. *Id.*, *ibid.*

enseignements que par les fondements dogmatiques. Cette phase constitua la seconde diffusion du bouddhisme qui débuta au Tibet.

Aujourd'hui, le sanctuaire est bien vide. Vide de pèlerins, vide de lamas et de *tulku*, vide de trésors architecturaux. Le temps demeure suspendu au-dessus de cet univers secret et meurtri. Un quota de moines et de nonnes est fixé pour chaque couvent et, à l'exception des universités monastiques de Lhassa, il est interdit d'entrer dans les ordres ailleurs que dans sa région d'origine. Plus rares encore sont les moinillons qui se baladent dans les sanctuaires. Une loi a été récemment votée par le gouvernement chinois stipulant que la majorité est requise avant de pouvoir entrer dans les ordres. En pratique, cette loi est cependant parfois contournée. Les moines doivent par ailleurs subvenir eux-mêmes à leurs besoins en travaillant. Cette mesure est-elle un pied de nez à l'Histoire ? On peut se remémorer le comportement du sixième Dalaï-Lama Tsangyang Gyatso qui venait à la fin du XVIIIe siècle se mêler au peuple dans les tavernes au pied du Potala de Lhassa, dans le village Shol — rasé de nos jours —, pour chanter et séduire les filles. Ce chef religieux hautement respecté se faisait alors passer pour un homme ordinaire : quelle désinvolture pour l'époque !

Une unique petite vieille se faufile entre les têtes des divinités. Les rumeurs dans le monastère surgissent du sol cramoisi par le soleil et enfantent à leur tour une chaleur mystique. La vieille dame marmonne entre ses lèvres sèches des *Um mani padme hum*. Sur sa chevelure cendrée parsemée de mèches blanches, deux tresses sont reliées par des fils de turquoises et de corail. L'échine aiguë, la peau flasque et ridée, les bras réduits à la forme de ses os, la vieille femme est pourtant en très bonne condition physique. Ses petits pas sont rapides et furtifs. Elle court à droite, bondit à gauche, piétine sur ses pas. Elle est partout. Quelques cuillerées de beurre de yack jetées aux divinités, et subrepticement, me prenant par surprise, elle me saisit la tête entre ses paumes graisseuses et me l'aplatit au pied de la statue de Bouddha Sakyamuni. Sans dire un mot de plus que des psalmodies magiques légèrement effeuillées, elle repart ensuite faire brûler de singuliers parfums, tout en m'adressant un clin d'œil complice.

Je la retrouve quelques mètres plus loin, là où un lama bat le tambour et rythme ainsi le passage des quelques pèlerins qui se sont enhardis à venir aujourd'hui. Les mèches des bougies sont tout enflammées. Des petits pots d'eau sont présentés aux divinités. L'offrande en eau a pour signification religieuse que tous les êtres sont égaux, et ce quel que soit leur statut social ou leur richesse : les enseignements de Bouddha sont valables pour tous les croyants. La petite vieille me prend par le bras et m'emmène dans une autre salle. Une larme brille dans ses yeux. Elle me parle en tibétain. Je ne comprends pas.

« Elle te dit que tu es la première touriste étrangère qu'elle voit entrer dans la *gompa* depuis les événements de mars dernier et qu'elle en est ravie. »

Derrière moi, deux fillettes d'environ quatorze ans posent leur regard sur moi. À leur allure, elles sont chinoises. Ces deux filles s'assoient à mes côtés et engagent la conversation dans un excellent anglais. On ne se méfie jamais assez de fillettes trop polies.

— Nous sommes chinoises.

— Vous êtes chinoises et vous venez prier dans un monastère tibétain ?

— Oui, oui, nous sommes chinoises.

— Mais vous parlez tibétain entre vous ?

— Non ! Nous parlons chinois.

— Mais là, vous ne venez pas de parler en tibétain ?

Moment d'hésitation.

— Nous parlons aussi tibétain.

— Vous êtes tibétaines chinoises ?

— Oui, voilà, chinoises et tibétaines.

Après observation, les fillettes ont bien la forme arrondie des visages tibétains et les paupières légèrement gonflées. Mais leur allure diffère des Tibétaines de leur âge : des longs cheveux, une bonne frange. C'est une coupe très tendance. Leurs habits sont également à la mode chinoise.

— Vos parents sont-ils là aussi ?

— Et toi, d'où viens-tu ? Que fais-tu ici ?

Les deux fillettes, pseudo-chinoises et pseudo-tibétaines, ne veulent ni parler de leur famille ni de leurs origines et réfutent au fil de la conversation tout signe distinctif d'appartenance à la communauté de leurs ancêtres. Après une trentaine de minutes, elles m'invitent à dîner le soir même chez elles. Tsheri, la plus hardie des deux, appelle sa mère de son portable pour lui demander l'autorisation. Son père est en voyage d'affaires à Shanghai.

Ont-elles perdu pour autant leurs racines tibétaines ?

Si ce n'est pas le cas, c'est du moins la fraîcheur et la spontanéité de son âme d'adolescente que Tsheri a perdues. Elle n'a de cesse de me demander si je lui fais confiance et sans relâche elle cherche à magnifier son existence :

« La vie d'ici est merveilleuse. Nous avons beaucoup d'amies chinoises à l'école. Le Tibet est une province de Chine comme une autre, il fait bon y vivre ! »

Je ne sais toujours pas, et je ne le saurai probablement jamais, ce qu'elles venaient faire au monastère, mais elles étaient loin d'être les ferventes pèlerines auxquelles je m'étais habituée.

Toutes deux habitent en banlieue, dans un groupe d'immeubles flambant neufs réservés aux « nouveaux riches ». Nous sautons dans un taxi. Cette fois, le conducteur ne sera pas tibétain. Le chauffeur, à l'air renfrogné et gêné, ne souhaite pas converser. Tsheri insiste et lui demande s'il connaît les dernières chansons à la mode, s'il est originaire de Lhassa comme elle. À peine répond-il mais Tsheri semble trouver cela normal.

En guise de bienvenue, le groupe d'enfants tibétains qui traînent en bas de l'immeuble nous accueille par une volée de pierres. Les railleries et les injures vont de pair. Detchéma, la plus réservée, me dit de ne pas y faire attention.

« Leurs parents leur ont dit de ne pas jouer avec nous et de nous parler le moins possible. Ce n'est pas grave. Suis-nous ! »

Les deux fillettes, voisines dans l'immeuble, se sont rapprochées et ont fini par accepter cet état de fait. La mise en quarantaine forcée à laquelle les autres enfants de leur âge ont astreint les deux fillettes les rapproche l'une de l'autre et les éloigne des jeux d'enfants. À peine quinze ans et déjà condamnées à errer entre deux cultures, elles ne se retrouvent et n'appartiennent à aucune d'entre elles.

L'appartement de Tsheri est conforme aux intérieurs tibétains, c'est-à-dire sobre. Un grand buffet meuble l'espace avec toutefois les portraits des grands leaders chinois affichés sur les murs : Chou En-Lai, Mao Tsé-toung à tous les âges et dans tous les pays. Les portraits sont coiffés des traditionnelles *khata*. Tsheri m'explique en détail l'histoire socialiste de son pays, les bienfaits économiques et sociaux que la Chine a apportés aux Tibétains, puis nous sommes conviées à passer à table. Entre soupe aux nouilles et *tchükham*, entre discours politiques et franchise d'adolescentes, je me risque à leur demander si elles souhaitent se marier avec un Chinois. Sans hésitation, elles me répondent que « Non, surtout pas ! Ils ne sont pas bons avec leur épouse ». Apparemment, cette idée est commune à toutes les jeunes filles de Lhassa. Soudain, on frappe à la porte. Fondant en larmes, une toute petite enfant, la jeune sœur de Tsheri, accompagnée de sa tante, saute au cou de sa mère :

« Ils ont cassé ma marionnette ! Ce sont les enfants d'en bas, ils ont arraché le cou de ma marionnette ! »

Victimes et bourreaux à la fois, ces sœurs et amies devenues chinoises alors qu'elles ne l'étaient pas doivent affronter la vie d'ici avec réserve et prudence.

11.
Lhassa-en-l'île

Le soir, Lhassa se métamorphose. Les « eaux heureuses » de la rivière Kyichu bruissent. Nées des glaciers, elles séparent, à Lhassa, la quiétude du Barkhor de l'orgie de la nuit. Car, une fois franchi le pont *Yumtok Sampa* qui paraît-il était jadis orné de turquoise, « peint en rouge et couvert d'un toit en tuiles vertes[1] », les élans bachiques et le sexe payant prévalent.

Le jour, l'île de Jamalingka ressemble à un quartier ordinaire de Pékin où les cabines de massage, discothèques et karaokés remplaceraient les *hutong*. La nuit, ces centres deviennent les hauts lieux de la prostitution à Lhassa. Le grésillement des enseignes fluorescentes des karaokés brise le silence des rues d'une irritante et entêtante mélopée, ce que la pudeur du jour avait omis de révéler quelques heures plus tôt. Je m'attarde le soir dans un lieu qui est de jour le théâtre de mes solitaires errances, emportée dans la lumière impure de la lune, un peu angoissée aussi à l'idée de ne pas avoir suffisamment vu pour aujourd'hui. Le rouge des panneaux

1. Alexandra David-Néel, *Voyage d'une Parisienne à Lhassa*.

commerciaux se reflète sur les trottoirs et les murs. Les ombres se font chinoises. Il est minuit passé.

Lourdes chaînettes argentées autour du cou et grosses semelles compensées aux pieds, yeux cernés de khôl et lèvres surlignées de rouge, la jeunesse de la petite île de Jamalingka, ou île de Liuwu en langue chinoise, n'a rien à voir avec celle de la rive droite. L'allure des groupes de jeunes m'est familière. Ce sont des gothiques version chinoise. Filles et garçons mélangés, ils déambulent de bar en bar, une bouteille de bière à la main. Ils crient ou s'interpellent, ils jurent ou rient. Ils sont complètement ivres.

Lorsqu'une porte de maison s'entrouvre, les relents de sauce et les effluves de vin inondent la rue. À observer le va-et-vient des hommes en costume-cravate dans les tavernes, on se croirait presque dans les films d'action chinois. Dès les portes refermées, l'agitation et les bruits de l'intérieur s'évanouissent. On n'entend plus les verres que l'on entrechoque, la vaisselle que l'on dessert. Seules l'odeur et les vapeurs de rhum arrachent à l'air sa fraîcheur. Le visage d'un homme resté devant la taverne se ferme à mon passage comme si mon arrivée, incongrue de toute évidence, eût restreint sa comédie complice et secrète. Mon instinct me rappelle que, selon la loi, l'entrée des lieux est formellement interdite aux étrangers. Les comparses se déplacent en silence et passent de la pénombre à la lumière. L'air farouche, ils m'inspectent de haut en bas. Les visages sont défaits, engourdis d'une confuse fatigue suite à l'alcool et au désir entremêlés. Des visages en sueur, encore empreints de l'atmosphère confinée qu'ils viennent de délaisser. Torpeur d'un après-midi de mousson à Saigon ! Une fille à moitié dénudée et perchée sur de hauts talons se réchauffe contre le torse d'un costume-cravate. Elle est toute tendresse et dévouement. Lui, parle d'une voix lente et pâteuse ; elle, rit à gorge déployée, de ce rire bêta que les gens prennent lorsqu'ils prétendent être séduits ou vouloir séduire.

Ainsi passent les heures sur l'île de Lhassa, à minuit passé, entre de légers battements de cils, des mains calleuses et des haleines chargées. Entre les rires et les silences équivoques.

Appuyée au réverbère, la fille plisse ses fragiles paupières. Quant à l'homme, il préfère rester dans la pénombre. À la fenêtre d'un second étage, une présence féminine les interpelle tout en me toisant du regard. Sur le fronton est inscrit « centre de massages ». Le regard de la première revient sur moi, me fixe à son tour. Une étincelle au creux du visage, la curiosité de l'étranger. Son air est plus effronté et malicieux qu'énervé. Elle ne sait que lui répondre à mon sujet. Ici, les prostituées sont des Chinoises originaires du Qinghai et du Sichuan. Le plus souvent, elles attirent sous leur éventail travailleurs immigrés en quête de tendresse et soldats en mal d'affection. Vêtues d'un tee-shirt très serré arrivant au-dessus du nombril et de jupes ou pantalons très courts, ces filles ne sont pas destinées à travailler avec les touristes de passage à Lhassa. Dans les hôtels pour Occidentaux, les prostituées revêtent le costume traditionnel tibétain qui semble fort apprécié de leurs clients à la recherche d'exotisme. Elles seront tibétaines ou du moins feindront de l'être. Dans ce type d'établissement, l'hypocrisie est accablante. Deux affichettes sont parfois juxtaposées l'une en face de l'autre : « La prostitution est susceptible de lourdes peines. Signé : Bureau de Sécurité publique » ; « Si vous vous ennuyez la nuit, appelez le numéro XXX et l'on s'occupera de vous… »

Plus d'un demi-siècle après l'arrivée du communisme à Lhassa qui avait pourtant marqué une certaine forme d'austérité, le commerce du sexe a pris un essor foudroyant. Dans le passé, les anciennes hôtesses tibétaines des boutiques d'alcool de *tchang* pouvaient trouver rétributions financières à certaines de leurs faveurs. Aujourd'hui, sur fond de liberté de mœurs, les gangs de proxénètes en exercice à Lhassa ont trouvé une plateforme rêvée associant prostitution et développement touristique.

En face, les fenêtres des maisons s'ouvrent, puis encore d'autres un peu plus loin dans la rue. Chaque fille semble de fait attendre le passant, tapie dans l'ombre d'un voilage, dans l'argent des néons. Plus d'une dizaine d'yeux sont braqués sur moi, à présent. Au final, ce soir les projecteurs sont braqués sur l'étrangère de passage. Bref, je ne suis pas restée inaperçue sur l'île de Jamalingka. Je passe mon chemin.

De retour au Barkhor, les gens ont déserté les ruelles grises et sombres. Au travers d'une embrasure éclairée ou d'une porte laissée par inadvertance entrebâillée, la vie ne s'est pas encore tout à fait endormie. Parfois l'atmosphère reste imprégnée d'odeurs de ragoûts. Dehors, au croisement de certaines rues, les marchands ambulants proposent sur une charrette grillades de poulet, de yack, d'oignons verts et même des fruits de mer grillés.

La commerçante évente les braises de son barbecue. Le client choisit puis mange.

Dans la ville tibétaine, la vie se serre tout contre ces barbecues ambulants. Et déjà Lhassa sombre dans une pénombre qui annonce une fin de nuit glaciale.

12.

Gandem, Gandem

L'autocar coupe à travers champs d'orge, champs de fèves. La pleine activité du centre-ville, les rumeurs des faubourgs, les bruits de foule se sont désormais estompés peu à peu derrière les envolées de poussière du véhicule. Les champs, les lits de rivière, la ligne des montagnes courent à perte de vue. L'univers familier de la cité s'oublie.

J'ai quitté Lhassa vers dix-sept heures avec un bus pris dans les faubourgs de la ville. Il m'emporte vers le village de Gandem, célèbre pour abriter un des principaux monastères de la secte des Gelugpa, où je passerai la nuit. Le lendemain matin, je saisirai un autre véhicule sur la grande route pour aller au lieu indiqué par Gyaltsen rencontrée lors du festival Shoton. Gyaltsen ne m'a pas accompagnée, d'une part, parce qu'elle devait être sur le lieu avant la date de l'invitation et, d'autre part, parce qu'en raison des nombreux contrôles militaires sur les routes et aux sorties de la ville, cela n'aurait pas été sûr pour elle de voyager avec une étrangère, qui de plus est en situation illégale au Tibet. Information que je n'ai pas jugé utile de lui communiquer.

Dans l'autocar, les Tibétaines gardent très souvent sur le visage un masque à poussière qui protège leur peau du soleil. Pour ma part, ce masque m'aide à me dissimuler parmi la population lors des contrôles inopinés. Il est clair que, si j'avais opté pour un circuit organisé par une agence de voyages, il ne m'aurait jamais été possible de partir rejoindre Gyaltsen à l'extérieur de Lhassa, ni même de parler aussi librement avec des personnes fortuitement rencontrées.

La chaussée est bien goudronnée, sans les aléas d'un mauvais revêtement, contrairement aux autres routes himalayennes. De-ci, de-là, quelques agents de la circulation régulent la vitesse des engins en leur donnant un temps à respecter pour atteindre un prochain point, de façon que les camions ne roulent pas à tombeau ouvert. L'ordonnance des maisons sur le bas-côté est régulière.

Dans les villages, les paysans ne sont pas encore rentrés des champs. Depuis l'augmentation de résidents chinois han à Lhassa et ailleurs en République autonome du Tibet, il a fallu accroître la production de riz, quitte à en faire pousser là où il n'y en avait pas, là où jadis on semait des céréales adaptées à l'altitude, comme l'orge, la base de la nourriture traditionnelle, et où l'on plantait des légumes.

Des enfants courent. Un très jeune apprend à marcher ; sa mère l'accompagne dans ses pas. Des détails de la vie intime se transmettent et d'autres se perdent. Les drapeaux à prières se sont de nouveau mis à flotter en haut des toits. Le tableau paraît presque idyllique. Champs verdoyants. Terres grasses. On pourrait même dire que, par ces fins d'après-midi en montagne, la situation au Tibet semble apaisée, qu'il n'y aurait pas de «problèmes interethniques» ni de «question tibétaine». Ce serait oublier ce que la magie de l'indicible montre par instants, en scrutant dans les marges de silence et dans les paroles inaudibles. La Terre des dieux échappe alors au mythe.

Les passagers se tournent à droite à gauche, au gré des roulis de la route. Mon voisin s'est laissé assoupir par les secousses et l'intarissable bruit du moteur. Tête penchée, cou désarticulé. Le simple silence de la fin de journée sans failles est entrecoupé par des ronflements rauques. C'est le harassement pour la plupart des passagers venus des campagnes avoisinantes qui s'en retournent vers leur foyer. Leurs visages sont fermés. Sont-ils venus assister, à l'instar de mes compagnons, au festival du monastère de Drepung à Lhassa ? Une femme regarde son nourrisson dormir dans ses bras et le berce dans le ronronnement du moteur. Enduites d'une poussière grisâtre, les fenêtres du bus sont à certains endroits calfeutrées par des morceaux de carton. Les émanations de sueur imprégnées dans les habits de mon voisin se mêlent aux relents de beurre et d'encens. Cette odeur atteste sa fréquentation assidue des monastères.

Le conducteur fait quelques haltes, des passagers montent ou descendent et nous repartons.

À un détour de la route se dresse un premier contrôle de police. Des militaires grimpent à bord. Mon voisin écarquille ses yeux mais ne semble pas apeuré. Le nourrisson lui aussi se réveille et commence de crier. Les représentants de l'armée vérifient les papiers présentés par l'assistante du conducteur. Cela semble leur convenir. Puis ils avancent dans l'allée. Mes yeux se confrontent à ceux de l'un d'entre eux. L'homme est surpris. Son regard, en suspens. Une seconde, pas plus, le temps de réfléchir. Je souris. Rien d'autre à ajouter. Il continue son passage dans le couloir. La douceur estompe la menace. Au fond du bus, un voyageur d'une vingtaine d'années leur semble apparemment davantage suspect. Le militaire l'interroge, je ne comprends rien, il lui demande d'ouvrir son sac niché dans les filets à bagages du plafond de l'autocar. Le garçon s'exécute sans plainte, sans indignation. Le nourrisson s'est mis à pleurer encore plus fort. La mère tente de le calmer. En vain. Tout est rendu morose par cette minute de résignation. Tous regardent le jeune homme s'exécuter, mais avec des yeux sans expression. Aucun d'entre eux n'est irrité ou impatient. Pourquoi lui plutôt que l'autre assis devant ? La mère commence à fredonner un refrain commun, le seul que l'on garde en mémoire. Malheureusement, il semble bercer tous les passagers sauf l'enfant.

L'autocar repartira avec le garçon suspecté toujours à son bord, trente minutes plus tard.

Après une heure et demie de route, les portes du véhicule s'entrouvrent : Gandem. Le village est juché à flanc de montagne. Son monastère a des toits en or qui sont éblouissants et des murs qui se confondent avec la rocaille. Un peu plus en hauteur, tout près du *chörten* célébrant le passage du col, le regard affolé du voyageur se perd. Seul le monastère le borne et l'apaise. Il scande l'espace jusqu'à la fuite des plus hautes montagnes.

La lamaserie est la plus ancienne de la secte des Gelugpa. Elle date de 1409 et a été construite par le fondateur en personne de la secte des Bonnets jaunes, Tsongkhapa. Le lieu me paraît endormi. J'arrive au moment des *kong sol*, la *puja* qui précède le coucher de soleil. Les moines sont rassemblés dans la salle pour prier. Le monastère de Gandem a été l'un des plus saccagés au moment de la Révolution culturelle. Sa démolition fut orchestrée dès les premiers mois de l'année 1966. Encerclé par les forces paramilitaires qui mitraillaient tout moine essayant de s'enfuir, le lieu fut bombardé sans relâche plusieurs jours durant. Gandem détruit. Bombardé. Reconstruit finalement dans les années 1980 par les habitants.

À cette époque, l'élan de la reconstruction venait du peuple et aujourd'hui ce sont généralement des ouvriers des provinces pauvres de Chine qui s'efforcent de faire resplendir une culture dont ils ne savent que trop peu, dirigés par les plans de l'architecte de Shanghai, qui lui aussi n'en sait probablement pas davantage. Des ruines naîtront des semblants de peintures, des semblants de sculptures que des gens novices en art bouddhique trouveront merveilleuses. Mais, en y regardant de plus près, on s'aperçoit que les couleurs sont bien trop vives donc bien trop récentes, que la peinture est encore fraîche, que les ustensiles à sculpter et les pinceaux sont encore sur le bas-côté de la route et qu'au final les fresques datent de l'an dernier ! Quand le vieillard tibétain passe à vos côtés, louant la divinité sculptée avec dévotion et piété, et qu'il vous regarde non avec mépris mais avec désolation, il sait très bien que vous allez être dupé.

Au cours d'une journée précédente, sur «la colline de fer» face au Potala, le long du sanctuaire de Drak Lhalupuk, je fus soudainement prise de cette envie d'effleurer de mes doigts les peintures de Bouddha gravées sur le roc, par curiosité ou par soupçon instinctif. Mes ongles sont restés teintés de peinture fraîche.

Gandem : «À mater!» En 1996, les moines qui résidaient dans le monastère furent de nouveau victimes de directives répressives lancées par les autorités chinoises dans le cadre des campagnes de rééducation politique et patriotique. Assassinés, emprisonnés pour s'être entêtés à conserver des photographies de l'actuel Dalaï-Lama. Assassinés et emprisonnés pour ne pas avoir voulu le renier. Désormais, un poste paramilitaire jouxte le monastère et des agents veillent sans répit lors des séances de «rééducation».

Une seule entrée pour une seule pièce. Une odeur de pierre froide. L'éclat du jour reste imprimé sur ma rétine. La pénombre qui y règne fixe mes yeux. Je ne décèle que de vagues pourtours d'objets. L'obscurité si dense au premier abord se dissipe. Un gros trou dans le toit et de minces fentes entre les planches de fenêtres rabattues laissent percer des filets de soleil. Les poutres du plafond et les murs de pisé transpirent en cette fin de journée. À travers les fumées d'encens, la silhouette de l'unique moine présent vacille. Assis en position du lotus sur une peau de bête, il tourne les pages du livre sacré et murmure des mantras d'un ton monocorde, tout en se berçant dans un mouvement continuel d'avant en arrière. Les doigts claquent, les mains se croisent. Les litanies récitées s'accompagnent de litanies gestuelles. *Damaru, dorje, tilpou*, c'est-à-dire respectivement tambourin, double sceptre, clochette à main, rythment la cadence. L'Avalokitésvara aux mille bras nous surveille du coin de ses mille yeux, accompagné des vingt et une déesses Târâ. Sourire malicieux à demi esquissé et sobriété du moment de prière retrouvée. Pas une autre fois le lama ne lèvera la tête. Ses yeux ne regardent pas, ne voient pas. Son regard est figé «vers le dedans». Sa bouche immobile, comme sculptée dans la pierre, laisse cependant échapper des râles filant droit vers le ciel. Beau et froid. Pétrifiée dans l'éternité, sa stature renvoie l'image d'une infaillible stabilité. L'âme du lama isolé dans ce grand monastère incarne le Tibet à lui seul.

Âme sombre et grave, chaleureuse et libre. Âme détachée de la réalité et habituée par la foi à se séparer du monde, au lieu de s'y soumettre.

L'épaule dénudée sous la grande toge, le moine semble perdu sur le cirque des montagnes où se perche Gandem. Planté dans une salle, il paraît effleurer d'autres temps et flotter dans un «outremonde». Mi-gardien des lieux, mi-démon. Peut-être vient-il des abîmes, de ces autres mondes desquels les bouddhistes renaissent. J'aimerais, à l'instar de Victor Segalen, discuter de ces autres mondes avec lui :

Et pourtant c'était bien un Bouddha vivant dans ce monde
Ici-bas où je me fourvoyais
Et nous avions parlé en vain des renaissances d'outre-monde...
De ses vies passées, de ses [souvenirs ;]

Il avait peur... Il se trouvait perdu si loin...
Combien de naissances en sa tête[1]*!*

Des secondes suivent et une sensation inhabituelle de vide qui proviendrait d'un précipice de glace me ferait presque défaillir. Le sang déserte mes joues, je me sens pâlir. Lasse d'une journée de marche, ma lucidité pourrait même abandonner mon corps quelques instants. Peut-être ne maîtrisé-je pas encore assez les trois fondements de la «Voie dite du milieu» que sont l'abstinence, la concentration et la connaissance intérieure. Je retrouve mes esprits à l'air pur et, du même coup, la paix de l'âme.

Lorsque je descends vers l'auberge, le soleil s'est déjà couché. La nuit a embrasé l'intérieur. Les hôtes et les convives se sont rassemblés pour une partie de cartes. Les visages paraissent graves, les ombres équivoques. Dans la pénombre, par ce jeu où l'on doit épier son adversaire, les visages se cachent. Tout le monde semble attendre, pénétré par la patience à laquelle obligent les cartes. Chaque geste se fait lent. La lumière métallique des néons rend obscure la réalité.

D'autres hommes entrent. L'atmosphère se trouble. Derrière ces visages rustres, peut-être tristes, peut-être joyeux, une réalité tout autre. La menace du premier instant s'éclipse en un éclair. Les nouveaux arrivants sont des saltimbanques. Les traits s'adoucissent. Les yeux papillonnent sous l'artifice des néons. Un grillon s'y brûle les ailes. L'un des chanteurs, chapeau tibétain

1. Victor Segalen.

sur la tête et bottes en feutrine noire aux pieds, est timide comme une jeune fille en fleur. Ses pommettes sont rosées, son sourire enfantin, et ses yeux atrocement sensibles, comme ceux des enfants, écarquillés et craintifs devant la vie. Le regard est humide, les yeux perlent. Est-ce la peur de faire face à la réalité ou est-ce seulement le temps venteux qui leur donne des larmes? L'émotion est à fleur de voix. Le chanteur ne regarde pas les spectateurs en face, déjouant leur regard pour mieux se concentrer sur les notes qui voltigent dans l'air. Sa voix cristalline monte au ciel, rejoignant le chemin de vie des saints dont il chante l'existence. Les chants mystiques *mgur,* tout comme les chants tantriques indiens, racontent la destinée d'un modèle spirituel à suivre. Ils sont caractérisés par l'alternance de parties en prose et en vers. Le murmure du conteur, quelquefois entrecoupé d'une rumeur inaudible du dehors, est repris par l'autre barde. Celui-ci, de sa voix posée, continue alors sous la forme d'un récit à relater les expériences mystiques du saint Milarepa progressant sur la voie de l'éveil.

Le moment est à l'introspection et nous, convives de l'auberge, suivons ces hommes, renaissant à notre tour dans d'autres mondes, dans d'autres temps.

13.
Château de l'âme exaltée

Vertige qui repose
sous le linceul écorché des cimes,
paysage d'urgence qui s'érode pas à pas,
de grands mirages déplacés entre les nuages se
donnent en beauté
pour de beaux yeux brûlés

Alors se hisse un secret de toi-même.

André Velter, *Le Haut-Pays*

Les premières lueurs du jour transpercent le vitrage de l'auberge de Gandem. Engourdie par le sommeil profond qui frappe tout voyageur ayant passé une journée entière en plein air, je saute de mon lit avec une nervosité peu habituelle à mes réveils ordinaires. Il est toujours plus facile de partir que de rester, satisfaisant par là même l'indomptable appel de la route. Les aubergistes dorment encore, je les tire de leur sommeil. Ils s'alourdissent et sortent mollement de la couchette.

Puis je saisis le premier autocar qui passe. Je demande au chauffeur taciturne, dont les larges cernes me laissent à penser qu'il n'a que peu dormi, de me prévenir quand nous arriverons au village désigné par Gyaltsen. Quelques heures plus tard, je descends du bus, un peu plus harassée qu'en montant mais tout aussi impatiente de retrouver mon acolyte entrevue au cours du festival du monastère de Drepung à Lhassa.

Griffonné en quelques secondes, le plan de Gyaltsen avait été efficace. Si j'étudie les traits de son croquis, je dois désormais emprunter le chemin à l'écart de la bourgade. En fait de village, il s'agit seulement d'un lieu-dit, tout au plus d'une série de quelques maisons blanches serrées les unes contre les autres et nichées au creux d'un promontoire. Trouver le sentier est chose facile.

Le hameau est désert et brûle sous la torpeur de midi. Deux vieilles sont assises à l'ombre sur un banc en pierre. Elles attendent probablement que le temps passe. Elles ne se parlent pas, elles fixent l'horizon d'un air maussade.

Leur chevelure d'un gris cendré est rehaussée par des tresses de laine noire et coiffée de parures en amulettes de turquoises. Visages émaciés, bouches édentées. Leur peau est sillonnée par de profondes rides, leur corps est mortellement alourdi. L'une des deux me caresse le visage de ses longs ongles en répétant le nom de Nyima. Elle me prend pour une femme qui est peut-être sa fille. Soit. Le regard de l'autre est alors creux et éteint. Un dogue du Tibet malingre est affalé à leurs pieds. Il gît en plein soleil, poussant de faibles râles, enroués par instants. Il est bientôt midi et la vie d'ici semble livrée aux démons des montagnes éternelles.

Avec un regard clair et perspicace, la vieille femme

qui me prend pour Nyima a son sourcil gauche qui s'élève toutes les trois minutes puis redescend la minute suivante. La femme me saisit le bras et m'emmène au bas du sentier. Elle s'éclipse sans se retourner, de la même manière ombrageuse qu'elle m'est apparue. Finalement, derrière son air maussade se dissimulait aussi un aspect d'assentiment que je perçus comme un encouragement dans ma démarche, une incitation à poursuivre, un quelque chose qui semblait dire : « Continue, ma fille, tu es sur la bonne voie ! »

Les premiers mètres d'ascension me paraissent d'une grande facilité mais cette évidence est trompeuse. À plus de 4 000 mètres, l'air est un luxe qu'il convient d'acquérir et d'épargner. À chaque virage le sentier se défait sous les pas et s'étire. Le tapis d'herbe doré et argenté sur lequel je marche éclate sous les rayons du soleil. Les pierres du cairn brûlent comme de l'acier en fusion. Je me retourne, le hameau a déjà disparu. « Au prochain virage, je serai arrivée », pensai-je. Rien de tel. J'aperçois déjà un autre monticule par-dessus celui que je croyais être le dernier. C'est un faux col. Aucun bourdonnement d'insecte ne se fait entendre, ni le moindre souffle de vent, ni le moindre brin de vie. C'est toute la nature qui s'est cristallisée. Comme si la rareté en ce lieu de l'élément minéral ou animal avait rendu le seul petit grain de poussière matière à réflexion. L'esprit cherche le moindre indice pour éviter de réfléchir dans le vide. Mais déjà la limpidité de l'air le force à regarder plus loin, par-delà monts et vallées.

Le sentier de muletier est interminable. Alors que la route pour Lhassa me paraissait être une délivrance, un moment de quiétude, mon cheminement ici me semble indéterminé. J'ai l'impression de m'enfoncer dans quelque chose d'irréel, de magique. Une sérénité émane de l'endroit. Ne serait-ce que du fait de mon isolement. Il y a aussi et surtout cette envie de se laisser séduire et envoûter par le hasard, de faire confiance à l'intelligence des sens. La rencontre avec Gyaltsen n'avait pas été préméditée. Je me rends sur les lieux, comme si je m'attendais à faire quelque découverte, et cette promesse accapare mon esprit.

Rêve ou non-sens, j'échappe peu à peu à la réalité contemporaine et aux éphémères du pays. Le moine de Gandem m'a sans doute initiée à sa pratique sans que je m'en aperçoive.

Je sursaute, mon téléphone portable chinois vibre : «Vous avez un nouveau message.» Les relais téléphoniques fonctionnent dans des endroits insoupçonnables.

Dans cette nature endormie, je suis prise d'une folle envie de crier. Pousser les mêmes cris que ceux des nomades Drogpas quand ils rameutent le troupeau égaré. Mais de ma gorge ne sort aucun son. Ce ne sont que de faibles râles stagnants. Ma solitude, de nature solipsiste, est écrasée par les montagnes. Peut-être la vieille femme du hameau déserté était-elle folle. Peut-être m'a-t-elle fait prendre un mauvais chemin. Je continue tout de même de progresser.

À ma grande surprise, je tombe sur une esplanade avec une fête champêtre au sommet. Ce qui m'avait semblé être un instant plus tôt la plus inaccessible et endormie des montagnes au monde se révèle un lieu animé. La célébration festive a lieu ici, autant dire nulle part au Tibet.

Le vide de l'air qui semblait pesé au-delà de la montée, l'herbe plutôt rase sont autant d'indices qui auraient dû me faire deviner mon arrivée imminente mais je ne me suis doutée de rien. Dans ce paysage désertique, le moindre indice est à prendre en compte. Rien n'est à gaspiller par les sens. On vit dans l'urgence, sans avoir besoin d'autre chose que ce qui nous est naturellement donné.

La nature morte reprend vie sous le piétinement des individus. Sur les rocailles, les voix ricochent. Au vu des quelques tas de cendres à certains endroits du sol, l'emplacement du campement constitué d'une dizaine de tentes environ est un refuge apparemment très fréquenté des voyageurs.

En me voyant, Gyaltsen se précipite vers moi. Un chiot lui court après et lui mordille les bas de pantalon. Elle l'écarte d'un geste souple de la hanche.

«Tu es donc venue. Que je suis heureuse de te voir!» me dit-elle tout en me couvrant de l'écharpe de cérémonie, la *khata*, rendue immaculée par le soleil au zénith. Je lui réponds par des «*tashi delek*» pleins de gratitude et lui offre à mon tour un sac de friandises *tchükham* achetées la veille au Barkhor.

Nous commençons par faire un tour sur l'esplanade. Gyaltsen écarte les toiles des tentes et je salue en tibétain les autres invités. À travers une bâche située à l'écart, on devine la silhouette de deux femmes. L'une bat le beurre dans une baratte en cuivre et l'autre remue avec une louche de l'eau en ébullition contenue dans une grosse marmite, en y ajoutant de temps à autre une brique de thé. Thé, beurre, lait : les odeurs parfument l'esplanade.

Je suis conviée à croquer des biscuits *khabsé* et des cuisseaux de yack séchés, découpés en lanières et mis à sécher au soleil des mois durant. «*Yak-sha choe!*» «*Yak-sha choe!*» «Mange du yack!» J'ai la place d'invitée d'honneur et Gyaltsen s'assoit à côté de moi. Toutes deux sommes assises en tailleur sur des peaux de mouton. Le poteau central de la tente sert à caler un coffre branlant qui fera office de table. Bientôt on apportera la grande bassine de *tchang* où nageront encore les graines d'orge qui auront permis la fabrication du fameux breuvage. Nous trempons trois fois le bout de l'annulaire dans le liquide pour offrir trois gouttelettes aux dieux et trinquons : «*Chapta!*»

«Aujourd'hui nous célébrons l'été», me glisse Gyaltsen à l'oreille. Environ sept villages sont réunis à cette occasion. Les villageois dansent, mangent, s'amusent plusieurs jours durant. Ces belles heures sont propices aux effusions de joie!

— Est-ce que des hommes du gouvernement surveillent la fête?

— Tu plaisantes, il n'y a que des chefs de villages! De toute façon, l'agent de ce secteur est une relation.

— C'est une bonne chose!

Le pan de feutre qui masque l'ouverture reste soulevé, le soleil de midi frappe directement nos visages et la chaleur se fait assourdissante. Les verres de *tchang* sont vidés d'affilée. Il faut boire la première fois avec Gyaltsen, la seconde avec son frère, la troisième avec son cousin puis avec l'ami de son cousin… Bref, un verre pour chaque personne présente sous la tente, c'est-à-dire plus d'une dizaine de verres. Étant l'invitée d'honneur, il ne m'est pas permis de refuser un tel signe de cordialité. Il est un rituel au Tibet dont je n'avais pas connaissance qui est de ne jamais laisser un verre à moitié vide devant un convive. Or j'ai moi-même l'habitude de ne jamais laisser un verre plein devant moi. Cela laisse deviner jusqu'où peut aller l'enchaînement logique de ces deux rituels combinés ! L'atmosphère se charge désormais des vapeurs d'alcool et des volutes de cigarettes et non plus des fumets de thé ou de beurre.

Des invités passent devant la tente. Regard furtif jeté à l'intérieur, air ébahi, ils ne comprennent pas ma présence mais ne s'en étonnent pas plus que cela. Gyaltsen est une comparse d'exception dans ce genre de situation. Par des gestes silencieux, des regards emplis de sous-entendus, elle me fait participer aux événements alors que je ne comprends pas distinctement la langue tibétaine. Cependant, mon esprit tend à s'évader vers l'extérieur de la tente. Je m'abandonne à la rêverie par cette échappée. Au-dehors, des danses traditionnelles appelées le *Dro* ont débuté. Les jeunes filles dansent et papillonnent. Les jeunes hommes les regardent et rougissent à leurs avances. Filles d'un côté, garçons de l'autre. On s'observe, on attire le regard de l'autre, on se plaît. Le groupe des filles commence à chanter des chansons d'amour, le groupe des garçons répond par des chants encore plus osés. Jusqu'où iront les plus aventureux de cette journée ? Le manège se déroule sous l'œil bienveillant des personnes âgées qui essaient d'arranger de potentielles alliances. Car ces cérémonies servent aussi à trouver des fiancés ou fiancées et à conclure des mariages. Par conséquent, les plus beaux vêtements sont sortis des coffres, les coiffures des filles étudiées avec grâce et souplesse. Des lanières de cuir incrustées d'énormes turquoises suivent la raie médiane des chevelures et tombent sur les épaules des jeunes filles. Les femmes sont littéralement couvertes d'ornements de pierres précieuses, parfois cachés par des reliquaires d'or et d'argent.

Dans certaines régions, j'ai entendu dire que, selon une coutume locale, la fille donne les lanières de ses bottes à son bien-aimé. Il arrive parfois que l'apollon récolte discrètement un grand nombre de lanières, ce qui n'est pas du goût des jeunes filles lorsqu'elles le découvrent. À croire que les hommes du monde entier sont tous les mêmes !

Emportée par la valse tibétaine qui se danse devant moi, je me prends à rêver. Mais la minute de contemplation ne dure pas, un jeune nomade m'invite à rejoindre la ronde. Nous serrant la main, nous nous élançons ensemble sur la piste de danse.

Je peine à imiter les pas de mon cavalier et finalement, lorsque j'arrête de regarder ses pieds et lève la tête, je découvre chez mon partenaire une beauté peu commune. Il est extrêmement séduisant. Il porte une élégante *tchouba* bleu marine avec un col montant et une chemise blanche fermée de haut en bas par des boutons en or. C'est le plus séduisant de tous. De fines fossettes au coin de la bouche attirent l'attention sur ses lèvres. Elles sont pleines et charnelles. Il dévoile alors un tendre sourire, presque timide. Est-ce en raison de mon regard admiratif ou de l'assemblée qui nous observe ? La sincérité qui se dégage de ses yeux très légèrement bridés me rend d'instinct proche de lui. Sa peau est lisse et cuivrée et l'arête de son nez, fine. De toute évidence, Ngawang cherche à m'impressionner par ses sourires équivoques et ses talents de danseur. Je le laisse faire, agréablement serrée dans ses bras forts et réconfortants.

Les percées de soleil se font moins fortes et l'horizon s'embrase pour la dernière fois de la journée. L'intérieur de la tente rougeoie grâce au feu de camp que des paysans s'efforcent de tenir enflammé à l'extérieur. Ce trou devient trop chaud et dehors souffle la vie. Avec Ngawang et Gyaltsen, je délaisse l'espace confiné et nous nous retrouvons autour du grand brasier. Les derniers convives retardent l'heure du retour chez eux.

Dans le grésillement des brindilles jetées au feu, dans la douceur de l'air enfumé et dans le bruit des verres de *tchang* qui se remplissent, s'entrechoquent et se vident à nouveau, des femmes se mettent à chanter. De ces chants naît un émoi qui se diffuse parmi nous et monte dans l'épaisse fumée. Ils nous bercent de longs instants.

Liqueur des hauteurs, le *tchang* entraîne le vertige de la parole. Les mélopées scandées par ces âmes exaltées font écho à la passion de la danse. Un premier homme s'élance sur la piste, les mains tournées vers le ciel. Son visage est violacé, par le froid ou l'alcool, je ne sais. On tente d'atténuer sa cadence furieuse en l'imitant plus calmement : échec. Ce sont des voix féminines, très aiguës, qui arriveront finalement à tempérer l'emballement du premier danseur.

Le rythme s'accélère à mesure que l'alcool envahit les

veines et les voix s'éraillent. Mais quand, par instants, tout s'arrête, quand le chanteur a terminé sa mélopée, quand les pas ont cessé de danser, la nuit redevient silencieuse et la nature chuchote des voix qui semblent se joindre à notre petite communauté. Tout semble s'enduire de la clarté et de la lumière des astres. Ainsi danse le monde.

Les silhouettes vacillent, entre rougeoiement et blancheur. Et nous autres, nous dansons, nous chantons. Deux amies de Gyaltsen nous rejoignent. L'une fait ses études à Chengdu dans la province du Sichuan et parle anglais. Elle me traduit ce que l'autre fille s'acharne à me dire entre deux verres de *Lhasa beer*. Nous trinquons : «*Chapta !*»

Comme le visage de l'homme de cendres croisé à mon arrivée nocturne à Lhassa, c'est le corps de la seconde jeune fille qui la trahit : il est maigre et sec. Son visage est extrêmement pâle. Elle vide les verres de *Lhasa beer* d'un geste automatique. Son estomac se remplit mais son regard se vide. Personne ne la juge, à l'exception de son amie qui ne cesse de lui jeter des regards anxieux. La tristesse bue à chaque levée de coude annonce une grande détresse.

Autour d'elle, tout le monde se tait et semble comprendre ce que le trop-plein d'alcool qui circule en ses veines n'arrivera pas à lui faire oublier. Ils savent mais cachent. La jeune fille rejette sa traductrice d'infortune et s'évertue à me parler directement. La boisson a le mérite de décharger les cœurs trop contenus. Malgré ma bonne volonté et mes efforts à vouloir déchiffrer sa pensée au travers de ses moindres gestes, je ne comprends rien.

Ses mains tremblent, son corps tressaille et sur sa peau passe une onde de frissons impudiques. De ses paumes, elle effleure mon bras puis, calmée, elle me souffle au creux de l'oreille une phrase dont je ne capte que « Dalaï-Lama ». Son amie se rapproche de nouveau, en observant au rythme de sa respiration devenue de moins en moins haletante que la malheureuse s'est apaisée. Sous la pâle lumière d'une lune agonisante, elle me parle à l'oreille de manière que les autres n'entendent pas.

Les informations somme toute banales communiquées prennent corps au contact de la jeune fille. Elle est institutrice à Lhassa et a récemment appris la mort d'un être qui lui était cher et que tout le monde ici appréciait. « Ce fut une mort injustifiée et provoquée », me dit-on. Le jeune homme tué était son ami. « Ils étaient promis au mariage. »

L'appel de la mort n'est pas vécu comme tel par les bouddhistes. Le bouddhisme tibétain prépare le fidèle à la mort. Mais ce décès a renforcé chez la jeune fille son sentiment de haine envers les Chinois, qu'elle n'hésite pas à nommer publiquement et ostensiblement « les envahisseurs chinois ». Cette disparition revêt de fait un aspect du combat social, en soulevant des sentiments du passé qui avaient été rendus illusoires par l'amour.

L'amour décharge les passions comme l'alcool les cœurs. Avant la mort de son compagnon, tout ce qu'elle s'efforçait de fuir était transcendé par l'amour. Rage contre le monde entier qui délaisse son pays, révolte contre les manigances politiques des Chinois, frustrations et petites hontes quotidiennes. L'idylle d'alors la préservait du mauvais œil. On imagine le fil invisible sur lequel s'étiraient ses pensées quand, après une journée d'humiliations et de reproches de la part de sa directrice han, la jeune institutrice d'une école publique de Lhassa étreignait enfin le corps de son amant. Elle oubliait tout le reste et se réconciliait pour un temps avec son pays. C'était comme si au final tout son être n'aspirait qu'à une seule et ultime fin : atteindre ensemble « le château de l'âme exaltée[1] ».

La jeune rebelle avait alors aimé ce corps autre, perçu tour à tour comme un refuge et un exil, désiré à la fois avec rage et apaisement, afin de s'envoler vers la liberté intérieure. Son compagnon n'est plus là pour témoigner de leur connivence. Peut-être était-ce différent pour lui. Peut-être reportait-elle seulement sur lui le refoulement d'instincts sauvages qu'elle tentait de canaliser dans son quotidien.

Cette compensation charnelle aux inhibitions d'une vie calfeutrée étant envolée, les démons ont pris d'assaut le corps de la jeune fille. Je me demande comment l'institutrice peut encore avoir envie d'enseigner à des enfants, de leur transmettre son expérience de la vie. Nous naissons, nous mourrons, et dans l'intervalle nous souffrons. Quel sens donner à tout cela ? Lorsque le souffle de la mort balaie toutes les promesses de joie, lorsqu'on s'efforce de mener notre vie dignement mais que son fil glisse entre les doigts du destin…

Lorsque l'on ne comprend pas l'utilité de la souffrance, la religion procure la force de vivre dans un pays qui

1. Victor Segalen.

impose le silence. « Il faut le bouddhisme pour vivre dans ce monde de déréliction, me dit son interprète. Elle médite beaucoup. »

La souffrance est la révélation du bouddhisme, qu'elle soit physique ou morale — avec son lot d'impuissance et de frustration. Le Bouddha expliquait que souffrir, *dukkha* en sanscrit, « c'est naître, vieillir, tomber malade, être uni à ce qu'on n'aime pas, être séparé de ce qu'on aime, ne pas réaliser son désir ». Il existe une voie précise pour parvenir à la cessation de toute souffrance. Cet ensemble révélé par Bouddha constitue les « quatre nobles vérités » dont la compassion est le fondement de la conduite. Elle est, comme le remarquait Jacques Bacot en 1925, « tout objective, froide et liée à une conception métaphysique. Elle n'est pas spontanée, mais consécutive à de longues méditations... Elle embrasse tous les êtres entraînés par leurs passions dans le cycle des renaissances. Elle est universelle alors que la nôtre est particulière[1] ».

Le sentiment de révolte est dans la chair de la jeune fille, seul manifeste de son combat intérieur. Sa peau est si pâle, son regard si hagard. Je reste à ses côtés, impuissante. Ses lèvres blêmes, à peine entrouvertes, laissent échapper quelques : *« Chapta, chapta ! ».* Un bouddhiste dirait : « Trop de karma négatif accumulé en elle. »

La frustration qui gangrène la jeunesse tibétaine l'a engloutie. Ici les jeunes semblent d'une manière générale plus agressifs qu'à Dharamsala, en Inde. En affrontant

1. Introduction à *Milarepa* traduit du tibétain par Jacques Bacot, Fayard, 1984.

chaque jour la pression des «envahisseurs chinois» — pour reprendre l'expression de l'institutrice —, ils mènent une vie sans bonheur et subissait une oppression systématique qui les conduit bien souvent à l'insatisfaction et très vite, à l'agressivité. Outre cette dégradation corporelle, le comportement de la jeune fille se radicalise, notamment vis-à-vis de sa directrice han avec qui les relations sont de plus en plus tendues et, surtout, lors des réunions du parti communiste auxquelles tout fonctionnaire doit se rendre. Son amie m'explique qu'elle se fait beaucoup de soucis car il est très facile pour un Tibétain d'être renvoyé de l'administration publique. Au moindre agissement suspect, il peut être licencié.

L'enseignante écoute inlassablement, non plus avec espoir mais avec désespoir, les radios clandestines, comme Voice of America et Radio Free Asia, qui diffusent les discours de l'autre versant de l'Himalaya. Avec son amie qui est ma traductrice de ce soir, elle sait ce qui se passe au-delà de la frontière et se renseigne dans la limite du possible sur les pages d'Internet, malgré le faible débit. Les informations circulent davantage que par le passé mais encore trop peu, selon elles. Ainsi l'interprète me parle-t-elle du jeûne commencé à Bombay en Inde le 30 août 2008 en contestation des Jeux olympiques, ce dont je n'avais pas moi-même connaissance. Toutes deux espèrent voir un jour le Dalaï-Lama fouler à nouveau les terres du Tibet. La jeune fille, restée à nos côtés, fait des signes d'approbation en entendant le nom de Tenzin Gyatso, l'actuel Dalaï-Lama. Ses yeux continuent de se fixer au fond des miens, une main appuyée sur le cœur. Sa larme rayonne comme un astre. Puis la jeune rebelle se met à injurier les Chinois en anglais. Des mots devenus quasi universels.

Le gouvernement chinois tente de détruire toute spiritualité bouddhiste au Tibet. Ainsi, il annihilera toute graine de pensée et de résistance pacifique. En ôtant à l'Homme sa dimension spirituelle pour mieux l'asservir, la déchéance morale sera inévitable. Le bouddhisme, seul remède efficace contre la violence, ne pourra plus lutter contre les frustrations et les haines populaires engrangées depuis tant de décennies.

Devenue à présent fantôme farouche et tourmenté, elle passe sa vie à l'ombre d'elle-même. Une ombre qui menace tout le monde ici, comme si tous ressentaient ce qu'elle vivait à ce moment précis, par le souvenir d'un proche ayant connu le même sort ou par la fraternité naissant au bord du néant. Si aujourd'hui c'est elle qui a pris les devants pour témoigner, demain peut-être une autre personne prendra la relève. Et ces quelques minutes de silence commun apportent au final davantage de cohésion que des heures de révolte.

Subitement, le crépitement du brasier paraît étouffé sous l'immensité de la souffrance. L'horizon est en deuil.

La jeune fille oublie rarement son tourment, excepté peut-être en dansant. C'est alors qu'après une chaleureuse étreinte, elle m'entraîne sur la piste de danse, les yeux noyés mais le sourire revenu. Le rythme est lent, il faut faire des petits pas et je suis trop nerveuse pour réussir à la suivre. Puis on m'offre une des dernières gouttes d'alcool. Rien de plus triste que les fins de bouteille dans de pareils cas.

L'échappée belle se ferme dans le désespoir qui se lève au rythme de la lune qui se couche.

On rejoint le hameau du bas pour y trouver gîte. Nous réveillons ceux qui se sont assoupis au coin du feu, enroulés dans leur *tchouba* en guise de couverture.

À l'auberge, quelques minces courants de vent glissent entre les joints des fenêtres mal étanches et se mêlent aux respirations régulières et paisibles des gens qui après avoir trop dansé, trop bu plongent instinctivement dans le sommeil. Très vite, on s'endort à poings fermés. Mais l'ombre de la jeune fille me hante à mon tour, donnant au sommeil l'aspect de la désespérance humaine.

Au matin, la jeune fille a disparu. Ngawang est encore là, il me dit retourner bientôt à Lhassa et nous nous promettons de nous revoir dans la ville.

Je reprends seule ma route, grisée de tristesse.

14.
Direction Gyantsé

> Ceux qui croient qu'ils ont beaucoup de temps ne se préparent qu'au moment de la mort.
>
> Padmasambhava

Les heures se succèdent, les virages aussi. Sur la route de Gyantsé, troisième ville du Tibet, le convoi s'enfonce au creux des montagnes. La vision de la fête se cristallise au fur et à mesure que je progresse. Au bout de plusieurs heures de lacets, le lac Yamdrok se découvre, immense et immobile, pareil au scorpion géant qui se languit sereinement sous le soleil matinal. Ses eaux sont trop profondes pour remuer, seuls de légers frissons parcourent sa peau.

Au cours du périple, le vent souffle fort et emporte avec lui les débris de rocaille du paysage. L'horizon s'ouvre, épuré de toute douceur. C'est l'horizon des vents violents déferlant du désert de Gobi jusqu'aux crêtes glacées des cimes himalayennes. Les brins d'orge ondulent sous leurs tourbillons.

Ce vent est salvateur. Aucun artefact ne titille les sens. Les caresses des tempêtes de sable s'infiltrent au plus près du cœur et camouflent les blessures. Elles lavent les cicatrices et balaient toute impureté mentale, tout mécanisme oppressant du psychique. Obsessions, angoisses, peurs. Enfin libre et légère, l'âme en paix s'échappe de son carcan et retrouve sa liberté. Une liberté de pensées, une liberté d'émotion. Apaisée, la roue des pensées discursives, la roue des sempiternelles questions qui ne parviennent qu'à s'éloigner de soi-même s'est enfin arrêtée de tourner.

Au passage du col, les drapeaux à prières claquent. Ils renouvellent le vœu du bodhisattva :

« Où que vole le vent qui passe sur ces prières, puissent tous les vivants être délivrés de la souffrance et des causes de la souffrance. Puissent-ils connaître le bonheur et les causes du bonheur. »

À quelques kilomètres, sur un sentier de bergers, des *chörten,* semblables au stupa de l'Inde ancienne dans lequel le Bouddha est censé avoir été enterré, ravivent encore une fois les Enseignements bouddhiques et votre présence d'esprit.

Le vent se fracasse contre les vitres du convoi, chargé de mille et une particules de poussière de cailloux et de sable. Le pare-brise se fissure et se brise. Nous nous arrêtons au village de Nangarze pour le rafistoler.

Les maisons les plus basses du hameau s'offrent aux pointes du lac Yamdrok. Toutes les façades sont dirigées vers lui. Des embarcations en peau retournée accostent avec à bord des paysans qui se font pêcheurs. Des hauteurs descendent d'insouciantes paysannes aux fichus violets ou rouges, des fichus aux couleurs criardes.

Un vieil homme sur le dos d'un ânon s'élance quant à lui à l'assaut des montagnes alentour et croise dans son ascension des charrues tirées par des *dzo*[1], dirigées par de vieilles paysannes courbées, une besace sur le dos.

Tout au long de la route, plus ou moins éloignées du regard, se succèdent des ruines de forteresses ou de monastères détruits lors de la Révolution culturelle. Les gardes rouges enfermèrent ainsi dans les souvenirs six mille monastères du Tibet.

Lève, voix antique, et profond Vent des Royaumes.
Relent du passé; odeur des moments défunts.
Long écho sans mur et goût salé des embruns
Des âges; reflux assaillant comme les Huns[2].

Les forteresses, ou *dzong*, hissés sur des promontoires qui ont été jetés au travers d'une vallée, tombent à présent en ruine. Elles sont l'emblème des premiers âges de la nation. À l'époque, les différents clans se disputaient territoire et prestige jusqu'à ce que « les rois selon le Dharma » provenant de la vallée de la Yarlung, Songtsen Gampo et Trisong Detsen entre autres, assimilent progressivement les nombreux clans en une confédération de type féodal et donnent au Tibet ses principales caractéristiques. La forteresse du Yarlung, située au sud-est de Lhassa et considérée comme le premier édifice au Tibet, en est restée le symbole le plus éclatant.

1. *Dzo*, croisement d'un yack et d'une vache.
2. Victor Segalen.

De l'anéantissement de la lignée royale en 842 à 970, s'écoula « le siècle obscur », que les Tibétains nomment également « la période de fragmentation », pendant lequel l'État tibétain retourna à la forme de petites principautés rivales.

L'arrivée à Gyantsé fait l'effet d'une oasis par rapport à la rudesse et à la solitude des vastes étendues récemment traversées. La terre est pure et silencieuse. La ville se fond dans un paysage qui crie sécheresse en hiver, entouré de champs en été.

À l'inverse de Lhassa, Gyantsé a pour l'instant échappé aux outrages de la modernité. Des venelles abruptes, fines et poussiéreuses, parcourent la colline sur laquelle se nichent le *dzong* de la ville et le monastère, célèbre au Tibet pour renfermer le plus grand stupa. Un premier château avait été édifié à l'époque des rois de la Yarlung puis remplacé au XIVe siècle par un autre. Lors de l'expédition de Francis Younghusband allant de Calcutta à Lhassa en 1903 et 1904, la forteresse de Gyantsé fut mise à mal par les Anglais manœuvrant dans le cadre du « *Great Game* », c'est-à-dire pour asseoir leur suprématie face aux Russes en Asie.

Sous le vent qui s'abat parfois en un véritable écran de poussière associé au soleil implacable, la vie se retranche dans les antres des maisons et salons de thé. J'entre à mon tour.

Peu de clients. Une pendule à balance en métal argenté harcèle le temps. Des portraits de Mao et de Chou En-Lai embellis de *khata* sont affichés sur les murs. Les regards sont tendus.

En pointant du doigt une chaise près de la fenêtre du fond, on me dit ou du moins je soupçonne ce qu'on veut me dire : «Assieds-toi et attends ton tour.» On ne me regarde pas. On ne fait pas cas de moi. Deux secondes me suffisent pour discerner la tension qui règne dans cette maison de thé où deux protagonistes s'affrontent. Assis au milieu de la pièce, un Tibétain à l'air triomphant et un serveur qui s'éclipse derrière le comptoir et qui, lui, n'est pas tibétain.

Pendant quelques minutes, la pièce se cristallisera autour de ces deux hommes jusqu'à ce que la porte du fond s'ouvre et qu'une femme apparaisse avec des plats. Mais avant cela, de ses doigts, le serveur joue avec un paquet de cigarettes. Il le retourne d'une face à une autre comme si le fait d'en prendre une trahirait son anxiété, qui s'exprime malgré tout par son corps recroquevillé et son air renfrogné. L'autre a les doigts crispés sur des baguettes qui ne manqueraient pas de casser si la pression augmentait encore un peu plus.

Tous les clients baissent la tête, méfiants, préférant rester sur leurs gardes et ne pas prendre part à la confrontation.

La colère dans les veines et la haine dans les pommettes enflammées font serrer les mâchoires du Tibétain presque jusqu'à briser ses dents.

Malchance pour le serveur ou défi à relever pour le client, le premier doit apporter à la table du second un ragoût de pommes de terre, navets et morceaux de viande de yack. Les têtes se relèvent. Tous regardent dans la direction de la table. Mon voisin fait mine de me sourire mais ce sourire sonne faux. Ses yeux ne cessent de s'activer comme des billes de flipper vers l'homme avant de revenir à moi. Le client oblige le serveur à le fixer comme si d'un simple regard il pouvait usurper son identité ou percer l'une de ses faiblesses. L'employé esquive le défi, en baissant simplement les yeux. L'événement tragique auquel on s'attend tous n'aura pas lieu aujourd'hui.

Sur les lèvres de l'individu éclate la rougeur de la haine, et dans son regard la fièvre de ce même sentiment. Un désir de vengeance insatiable coupe alors l'être humain de sa condition et le placerait au banc des démons par la jouissance que lui procurerait la réalisation d'un tel désir. Mais ce quinquagénaire n'a pas agi. La résistance, le ressentiment n'entraînent pas l'espoir de vaincre dans l'immédiat. En n'agissant pas, il s'est contraint à refuser l'affrontement, à endurer ses souffrances et à ainsi prouver sa patience puisée dans le bouddhisme en résistant à cet appel primitif.

Rejetant l'ordre établi dans lequel il est forcé de vivre, il préfère ne plus se lier aux conventions sociales de sa communauté et se retrancher dans une tension permanente qui pourra se déclarer en volte-face à n'importe quel instant de son quotidien, au moindre regard ou geste de travers. De son comportement, c'est tout ce qui est du moins prévisible. Si « chaque liberté n'est jamais que de choisir son esclavage[1] », le Tibétain ne veut pas d'un Chinois comme maître. Atrocement emplie de déchirements personnels et de retenue tragique, cette scène s'impose à la salle par sa fatalité haineuse. Et le client en est consumé, le serveur désemparé.

1. André Gide, *Les Nourritures terrestres.*

Peut-être ai-je trop regardé le Tibétain. Peut-être a-t-il senti mon regard trop longtemps posé sur lui. C'est sur moi que dorénavant cette volonté sauvage se fige. Ses yeux sont toujours rouges, ses veines également. Il jette au serveur des ordres en me pointant de la tête. Celui-ci exécute l'injonction, en me regardant anxieusement. L'enragé me sourit, dévoilant de larges dents entartrées. Apparemment, le ragoût de navets, pommes de terre et viande de yack est recommandé dans cette gargote. Sur ce, le Tibétain jette les cinq yuans sur la table en me faisant comprendre que je ne dois pas payer davantage et s'en va sans ajouter quoi que ce soit d'autre. Les autres clients me sourient comme si de rien n'était. Penseraient-ils que leur feinte réussisse à me faire oublier cette scène et que je puisse constater de la sorte qu'ils n'ont pas tous eu peur de voir la situation s'envenimer davantage, la minute passée ?

En sortant de l'auberge, l'homme croise un cortège de Khampas qui entrent. Il ne les dévisage pas, il ne leur adresse pas la parole. Il sort la tête haute, le regard droit.

Les minutes s'écoulent sur la pendule à balance. La tension se dissipe. On mange.

Dans un geste souvent répété au fil des siècles, les nouveaux arrivants déposent sur la table un sac de *tsampa*. Avec de fines cuillères en argent incrustées de turquoises, ils se mettent à la goûter. Mon voisin m'invite à sa table. Discrètement, il me souffle en anglais qu'il est professeur à Shigatsé et, après un coup d'œil furtif dans la salle, me glisse que l'homme était un nomade vivant non loin de Gyantsé, dans un camp où sont parquées les familles. Puis il ajoute dans un souffle : « Je t'ai dit que c'était un nomade. Tu sais comment ils vivent maintenant ? Ce n'est vraiment pas facile de vivre ici, tu sais », puis le professeur se retranche : « Ce n'est rien, oublie ce que tu as vu, oublie ce que je t'ai dit… Que fais-tu donc toute seule au Tibet à cette période de l'année ? Et d'où viens-tu ? »

Des fonctionnaires zélés prennent possession des terres sur lesquelles campent les nomades. Ils les obligent à vivre de la même façon qu'un homme ordinaire dans un habitat urbain. Leur genre de vie est dépassé à notre époque. Mieux vaut habiter dans des maisons insalubres, des appartements regroupant plusieurs familles ! Mieux vaut vivre en sédentaire dans notre monde ! Des habitants m'avaient déjà montré, dans la campagne du Qinghai, les maisons préfabriquées, sans âme et sans ancêtres, réservées aux nomades tibétains.

Au gré de textes juridiques qui ne sont jamais écrits dans la langue maternelle, donc incompréhensibles, la modernité a corrodé l'identité d'une société avant tout nomade. Les steppes des hauts plateaux auront bientôt fini de résonner sous les sabots des chevaux. Désormais les enfants vivront cloîtrés sous des tentes de camp ou dans des casernes, avec une odeur mortifère et des relents nauséabonds. En jouant, ils se couperont la plante des pieds sur des tessons de bouteilles vides et creuses, témoins de l'alcoolisme fracassant de la population. Y aura-t-il encore des moines, des *gompa* pour continuer de croire en une prochaine vie meilleure ? Cette anecdote concernant les populations nomades n'est pas nouvelle et l'histoire en recèle bien d'autres. Le nomade du bistrot s'est tu devant la vie qui lui offrait un tel sort. Seule la rage de l'être déchu de son rang lui a alors fait remuer les lèvres. Ses espoirs se sont envolés. Son destin est limité.

« Chevaux du vent », « mangeurs de *tsampa* », les nomades trouvaient leur autonomie alimentaire dans la farine d'orge lorsqu'ils couraient les steppes. Quel fonctionnaire peut se vanter d'avoir autorité sur des personnes tout autant assoiffées d'infini que de liberté ? Quel acte synonyme d'ordre peut ici trouver sens ? Car, lorsque Lhassa et les autres villes du Tibet sont quadrillées et verrouillées par les forces paramilitaires, les vastes steppes rudes et silencieuses se politisent en une lame de fond insaisissable. Les achats de postes radio qui n'ont été ni contrôlés ni enregistrés par les services de sécurité chinois, comme cela a pu se faire dix ans auparavant, ont des répercussions sur la présente situation. Parmi les cent mille nomades du Tibet, certains écoutent et par conséquent savent ce qui se passe à Dharamsala. Émettant près des villes, les stations de brouillage n'atteignent pas l'ensemble des terres d'ici[1]. Cela participe entre autres à un éveil sans pareil dans l'histoire du pays. Une conscience politique uniforme se dessine.

Malgré une unité culturelle et religieuse, la population tibétaine a souvent été démunie par le passé dans ses agissements politiques à cause de sa mésentente à l'échelle locale. Lors des émeutes de mars 2008, un premier changement a été observé par rapport aux révol-

1. Entretien avec Robbie Barnett, *Courrier international*, n° 909, du 3 au 9 avril 2008.

tes de la fin des années 1980 : la participation des nomades. Ce serait une bien lourde tâche pour les autorités en place que de contenir près de cent mille personnes en colère !

Aux yeux des « mangeurs de *tsampa* », les frontières nationales ont été longtemps inexistantes et malléables. Le relief inaccessible de leur pays poussait les nomades à commercer, à guerroyer ou encore à transhumer au-delà de leurs contrées, vers l'Inde, le Népal ou le Bhoutan. Les frontières sont pourtant devenues le carcan de leur prison. Pour les hommes en marche sous les étoiles, les injures de la modernité sont les défis à relever.

Des nomades et de leur vie, je n'aurai perçu que cette scène et les maisons préfabriquées au loin sur la route du Qinghai. Je n'aurai perçu finalement que des ombres angoissantes.

15.

Le vol du paon vers l'ouest

Avec cinquante mille habitants environ, Shigatsé est la deuxième ville du Tibet. Le dixième plan quinquennal de la République autonome de 2001 devait en faire un des plus importants centres urbains, mettant ainsi Lhassa au cœur d'un vaste réseau de villes dynamiques et modernisées.

Pour l'heure, entrer dans la ville est aussi invraisemblable et surréaliste que d'observer la ferveur de la kora autour du Jokhang. De toute évidence, la nonchalance montagnarde a laissé place à la nervosité urbaine. Les grandes avenues identiques entre elles s'enchaînent les unes aux autres. Au bout de celles-ci, le quartier traditionnel a été conservé presque intact. La ville est le lieu de résidence des Panchen-Lamas. Il fut un temps où les autorités chinoises espéraient obtenir du deuxième haut dignitaire bouddhiste son consentement aux politiques qu'elles menaient. Elles épargnaient ainsi à la ville les grands aménagements. Tout cela, hélas, a bien changé.

De nouveaux lotissements ont été créés dans le but d'héberger davantage d'immigrés han. Ceux-ci trouvent des facilités à venir s'installer au Tibet depuis 1992, lorsque les restrictions sur les voyages à titre privé ont été levées. Initiée en 2000, la campagne chinoise de « développement du Grand Ouest » (*Xibu da kaifa*) a pour enjeu « la mise en œuvre du développement de l'Ouest, l'unité nationale et la stabilité sociale, l'unification et la stabilité de la patrie ». Une des composantes de cette campagne œuvre pour la migration des populations d'est en ouest, ce que l'officiel chinois *Li Dezhu* nomme poétiquement « le vol du paon vers l'ouest ». Le paon étant l'animal qui porte bonheur dans la tradition bouddhique.

À ces nouveaux arrivants qui trouvent au Tibet des opportunités de travail non négligeables s'ajoute une population dite « flottante » comprenant les travailleurs saisonniers et illégaux qui ne sont pas enregistrés lors des recensements. Incertaine par conséquent est l'évaluation des résidents non tibétains dans la ville. En République autonome, si la population reste massivement tibétaine à 93 %, les Han ont doublé leur chiffre depuis 1990. À ce rythme, les démographes prévoient qu'ils seront majoritaires vers 2055. La fécondité des femmes tibétaines a été supérieure de un à deux enfants en moyenne à celle des femmes han depuis le milieu des années 1970 mais cette dynamique de fécondité n'a pas suffi à compenser l'apport migratoire. La mortalité, en particulier la mortalité infantile, chez les Tibétains est en outre supérieure à celle des Han, même si cet écart tend à se réduire depuis 2000 [1].

1. Isabelle Attané dans *Pékin 2008. Le monde en jaune*, Éditions Érès, 2009.

Le bazar de la ville traditionnelle se compose du marché aux légumes et aux carcasses de mouton à l'odeur tenace. Un peu plus loin, des silhouettes de Tibétaines s'enfoncent dans les ruelles encerclées par des hauts murs en craie blanche, pourchassant le reflet du *dzong*, isolé et solitaire tout en haut de la colline. L'ombre des *tchouba* dans ces rues chaudes ressemble à celle du tchador dans une venelle de ville-caravansérail de désert. Seules les *drong*, les cornes de yacks, affichées aux linteaux des portes rappellent qu'ici c'est le Tibet.

Un quartier à droite de l'avenue, l'autre à gauche. Les deux communautés se côtoient. Elles ne se regardent pas, elles ne se parlent pas. On ne peut pas communiquer avec un être asservi. Alors les deux communautés s'évitent. Sans qu'il y ait forcément besoin de mots, l'arrogance des Chinois envers les Tibétains est évidente. Toutefois, cette condescendance est plutôt le fait des cadres du parti communiste que des résidents ordinaires. Fonctionnaires, ouvriers ou prostituées viennent au Tibet non pour les beaux paysages mais parce que les opportunités de travail sont exceptionnelles. L'évolution de carrière des fonctionnaires est beaucoup plus rapide que dans les autres provinces de Chine. À diplôme égal, ce sera un Chinois han et non un Tibétain qui sera recruté.

À Shigatsé, me dit-on, on plaint les gens qui vivent à Lhassa où la tension est à son paroxysme. Inversement, à Lhassa, on critique les gens de Shigatsé considérés comme de dociles collaborateurs du gouvernement chinois. Ici, dans la deuxième ville du Tibet, les langues des résidents chinois se délient plus facilement. Xici, une jeune serveuse travaillant à Lhassa mais originaire de la province chinoise du Henan, est venue à Shigatsé rendre visite à une amie native de la même province qui étudie la médecine tibétaine et est mariée à un instituteur tibétain. Xici a vu son restaurant s'enflammer pendant les émeutes de mars 2008. Il était bordé d'un centre commercial moderne et d'échoppes chinoises qui pour certaines ont aussi brûlé. « Heureusement, il n'y avait personne à l'intérieur, me dit-elle. Ce sont toujours les gens ordinaires qui sont les premières victimes. La vie à Lhassa ne me plaît pas. J'ai peur d'y vivre, maintenant. Je suis loin de mon *guxiang*, pays natal, de ma famille et de mes camarades. Mon amie de Shigatsé est ma seule connaissance au Tibet ! » Le restaurant a déjà été remis à neuf et elle y travaille à nouveau. Elle s'obstine à demeurer au Tibet pour les opportunités de travail, me dit-elle.

Le monastère du Tashi Lhunpo est la demeure du Panchen-Lama, deuxième haut dignitaire de la secte des Gelugpa, et « considéré comme détenant la supériorité quant aux hautes études philosophiques[1] » au début du XXe siècle. Il n'ouvrira ses portes que dans quelques heures.

Une grave polémique est née autour de cette importante personnalité. Tibétains d'un côté et Chinois de l'autre ont désigné chacun le leur. À cela près, le Panchen-Lama choisi par les Tibétains a été enlevé en 1995 — il est le plus jeune prisonnier politique au monde — tandis que l'autre réside à Pékin et fréquente depuis environ un an les rencontres internationales organisées par les autorités. Celui-ci ne se rend au Tashi Lhunpo que de

1. Alexandra David-Néel, *Voyage d'une Parisienne à Lhassa.*

temps à autre pour des rencontres ou des enseignements, à l'occasion généralement de fêtes.

La nomination du Panchen-Lama comme celle du Dalaï-Lama est une affaire de recherches, d'interprétations et de lectures des signes, dévolue en principe aux personnes qualifiées pour ce faire. Le Panchen-Lama est convié avec d'autres hiérarques à donner son sentiment sur la nomination du Dalaï-Lama une fois que le premier choix est accompli et s'il y a des doutes. Avec la mainmise politique sur l'éducation des moines aujourd'hui, les dirigeants du parti communiste entendent mettre tous les atouts de leur côté pour choisir eux-mêmes le quinzième Dalaï-Lama, et par extension l'avenir de la religion au Tibet.

Concernant l'évolution des institutions religieuses de son pays, l'actuel Dalaï-Lama dit lui-même depuis longtemps : « L'institution du Dalaï-Lama est une institution humaine, sans doute nécessaire à une certaine période historique, et comme toutes les institutions humaines, elle est vouée à disparaître. Il appartient aux Tibétains d'en décider : s'ils la jugent utile, elle perdurera, sinon, elle disparaîtra. Cela ne change strictement rien, en tant que moine bouddhiste, il se réincarnera, mais pas nécessairement comme Dalaï-Lama [1]. »

Une nouvelle réglementation chinoise est entrée en vigueur le 1er septembre 2007 sur les réincarnations des lamas : « toutes les demandes de reconnaissance de réincarnation de "bouddha vivant" du bouddhisme tibétain doivent être approuvées par le gouvernement ou par le

1. « Entretien avec Sa Sainteté le Dalaï-Lama », par Claude B. Levenson, 2007.

département des affaires religieuses du gouvernement » sous peine de sévères sanctions. De la sorte, Pékin entend avoir la mainmise sur l'ensemble des hautes autorités ecclésiastiques du Tibet et encourage ainsi les luttes de pouvoir en vue de la succession de l'actuel Dalaï-Lama [1].

Les gens attendent sur le parvis l'ouverture de la demeure. Des pèlerins s'échouent en bout de route, face à la colline honorée par des toits en or et de hauts murs blancs. Des nomades, torse presque nu, ont enlevé leur *tchouba* et se servent de leurs manches comme oreiller pour la sieste de l'après-midi. Des pèlerins mais aussi des crève-la-faim en haillons. Une mêlée de misérables à la culotte crevée, à la peau lacérée attendent non pas l'ouverture de la cité religieuse mais quelques généreux dons. Les museaux rosés des gamins pointent et réclament des *tchükham*, voire davantage. Cette mendicité menée à bon terme, ils repartent, sautillant en l'air. Quant à leurs parents ou leurs sœurs, ils récitent des litanies, cloués au sol pour demander l'aumône. Une fois les portes ouvertes, les dévots se pressent pour entreprendre leur pieuse visite et les mendiants reprennent alors de plus belle leurs prières, espérant capter l'attention des compatriotes sensibles et généreux.

Une moto arrive à vive allure, ce qui estompe l'humeur bon enfant du parvis. Le motard stoppe son véhicule, rejoint des jeunes Tibétains dont on ne sait ce qu'ils font de leurs journées si ce n'est jouer au billard. Veston en cuir, coupe de cheveux « punk », ces désœuvrés ont l'air de

1. *Id., ibid.*

regarder le temps s'écouler à la manière des vieillards. Les tables de billard sont disposées un peu partout le long de la route qui mène au Tashi Lhunpo et ces jeunes y jouent presque toute la journée.

Les minutes s'écoulent et toujours plus de fervents de tout âge viennent s'amasser en bout de file. Des pèlerins écorchés, des écoliers moqueurs, un vieillard en attente assis sur un coin de trottoir, des nonnes qui mendient, des barbiers hui qui traînent le pas, des médecins *amchi* tibétains, des ouvriers du Sichuan aux visages émaciés, des professeurs chinois... Le Tashi Lhunpo ouvre enfin! Les personnes âgées ont le droit de doubler tout le monde dans la file d'attente qui rivalise avec l'heure. N'ayant pas l'autorisation nécessaire pour pénétrer dans le sanctuaire sacré, je me glisse parmi la foule. Nous attendons étroitement serrés les uns contre les autres. Des agents de sécurité régulent le trafic et des moines œuvrent au bon déroulement de la ronde. Pour me rendre invisible à leurs yeux, mon voisin me cache en se plaçant à mes côtés.

Dans les salles des monastères, trône depuis peu, aux côtés des photos du treizième Dalaï-Lama Tubten Gyatso et autres lamas respectés, le portrait du dix-septième Karmapa Ugyen Trinle Dorje qui vit en exil entre Dharamsala et Gangtok dans le Sikkim indien. Sa fuite épique du monastère de Tsurphu au nord-ouest de Lhassa, à travers les glaces hivernales de l'Himalaya en 1999, avait représenté un beau revers aux politiques mises en place par les dirigeants chinois afin de l'amadouer. Quel rôle pourrait jouer ce haut dignitaire religieux exilé, âgé de vingt-quatre ans, dans la configuration politique actuelle?

À l'intérieur d'une cellule ornée de *thang-ka*, un lama bat le tambour, rythmant ainsi le passage des pèlerins qui n'ont droit qu'à quelques secondes pour entrapercevoir les effigies. La ferveur est à son paroxysme. Les litanies résonnent plus fort, plus dignement. La force de conviction ravive croyances ancestrales et traditions. Le Tibet est un pays qui se recroqueville sur ses souvenirs et sur sa religion. C'est « un pays qui s'y renverse », disait en son temps Victor Segalen. Quant au « Grand Treizième » Dalaï-Lama, il parlait du peuple tibétain qui habite ses légendes comme d'un peuple pas comme les autres. Il se retrouve être à contre-courant de la marche du monde, mais finalement ne serait-ce pas le monde dans lequel nous vivons qui serait sens dessus dessous ?

Le très vénéré *thang-ka* noir représentant Palden Lhamo, la déesse Protectrice de la foi, est voilé aujourd'hui. Il est visible pour les croyants une seule fois dans l'année, aux alentours du Nouvel An. Les offrandes du jour seront offertes aux Dharmapâla, divinités effrayantes protectrices de la religion. Les honorer nous protège du mauvais œil et défend notre foi. En s'immisçant en nous, elles effraient les démons qui pourraient dévoyer les bienfaits de Bouddha. Dans bon nombre de sociétés himalayennes, les esprits occupent une position intermédiaire entre les divinités du ciel et les démons du monde souterrain et ont des modalités complémentaires de valeurs opposées. Les Tamangs du Népal de l'Ouest les vénèrent par les *lambu*, des prêtres-exorcistes et les Newar de la vallée de Katmandou les représentent par Bhairava, personnage caractérisé par de longues griffes et un collier autour du cou confectionné à partir de crânes humains.

L'imposant Tashi Lhunpo, une évasive réminiscence d'un temps ancien. D'un temps où les hiérarques religieux comblaient le vide politique dû au morcellement de l'autorité impériale au IXe siècle entre principautés antagonistes, où les écoles et lamaseries étaient devenues de véritables États monastiques, où la vie intellectuelle était concentrée entre les mains des clercs. Une fois massivement convertie au bouddhisme, la population tibétaine était certaine d'acquérir des mérites en servant le clergé et en lui faisant des dons. Alexandra David-Néel les décrivait ainsi dans les années 1920 :

« Tous possèdent des terres, des troupeaux et, en général, trafiquent d'une manière ou d'une autre. Les grandes *gompas* règnent sur une étendue considérable de territoire peuplé par des tenanciers dont la condition est à peu près semblable à celle des serfs en Europe pendant le Moyen Âge. Les hôtes des *gompas* ne vivent pas en communauté, cependant il existe une sorte de communauté de biens entre eux, du fait que chacun d'eux reçoit une part des revenus des monastères. Entièrement libéré, ou presque, de tous soucis matériels, le lama même le plus humble peut à loisir se livrer, dans sa chambrette, à l'étude de la littérature religieuse et philosophique de son pays [1]. »

Les monastères acquirent à cette période leur puissance économique et politique. À partir du XIIIe siècle, ils se disputèrent entre eux l'hégémonie du pays jusqu'à ce que la secte des Gelugpa triomphât au XVIIe siècle avec l'installation des Dalaï-Lamas au pouvoir.

1. Alexandra David-Néel, *Voyage d'une Parisienne à Lhassa.*

À plusieurs centaines de kilomètres par la route, droit devant, j'imagine le mont Kailas, dôme glacé sur un lit de sable. Sans autorisation précise, il est clairement impossible de m'y rendre, la route étant strictement contrôlée par les forces militaires au cours de cet été 2008. Symbole du centre de l'univers, le Kailas accueille à son sommet la résidence de Chakrasamvara pour les Tibétains et aussi la résidence de Shiva, le maître des renaissances pour les hindous. Ainsi donc va la steppe qui s'étend devant moi, s'offrant mais demeurant inaccessible. Le goudron de la voie est encore tiède. Sur la *Friendship Highway* en direction du Népal ou sur la piste menant au mont Kailas, les convois ne cessent de circuler.

À cette route fait face le projet de rallonger le tracé du chemin de fer Pékin-Lhassa. Sur le haut plateau lumineux, à l'ombre des caméras des médias internationaux, des groupes de travailleurs chinois, dans un travail de fourmis, latent, imperceptible et persévérant, allongent de kilomètre en kilomètre, toujours un peu plus loin, toujours un peu plus profondément, la ligne de fer, absorbant ainsi le silence et la solitude des grands espaces par la loi de la vitesse et du chiffre. Alors le Tibet sera davantage amarré à la Chine, et son orbite ancestrale aura pivoté de l'Inde vers la Chine.

Le retour vers Lhassa m'emporte avec un arrière-goût amer. Quelque chose d'indicible se trame.

16.

Dernière halte : Lhassa

Brusquement le temps change. Le vent se lève, malmenant des nuages opaques. Le drapeau rouge étoilé vogue tout en haut du Potala. Les montagnes alentour se cisèlent. Et le roulement du tonnerre au loin. Une tempête se prépare. La lumière sulfureuse déchire le ciel morne. L'humeur du ciel n'est pas à la trêve. D'un rythme saccadé, la pluie s'abat et inonde la ville. Lhassa s'enfonce dans l'automne.

Dans l'extase de l'annonce de l'orage, de sa violence future pressentie, dans l'attente des éclairs, je cours me réfugier à l'hôtel.

Lhassa deuxième escale, dernière escale. Cette fois, pas le temps de communiquer avec les habitants ou de retrouver Ngawang. Les autorités me rappellent à l'ordre !

Il est à peine huit heures du matin et l'on frappe sauvagement à ma porte. Mauvais pressentiment. On frappe à nouveau. C'est le réceptionniste. Mine décomposée, jambes tremblantes. Les mots se coincent entre ses lèvres. Il me tend un papier où des ordres sont donnés en idéogrammes chinois. Vu son état de panique, cela doit être grave. En ces brefs instants, défilent dans mes pensées les yeux de bonté et d'innocence de Deyang, les bouches coléreuses de Tsering et Sonam, le rire incoercible de Gyaltsen et la douceur de Ngawang.

Je dois suivre le réceptionniste. Je trouve prétexte pour le rejoindre quelques minutes plus tard. Le temps de faire disparaître les papiers prouvant ma situation d'illégalité et mes relations contractées ici. J'en fais des confettis et les jette dans la cuvette des toilettes de la cour.

À la réception, je compose le numéro de téléphone du BSP, bureau de sécurité publique, comme cela m'est demandé. Je devrai m'y rendre cet après-midi pour expliquer ma présence au Tibet mais, de toute façon, la décision des policiers demeure sans appel : je dois partir au plus vite.

Quelqu'un leur aurait-il fait part de mon étrange présence à Lhassa ? Le dénonciateur serait-il le jeune Chinois, mon voisin dans l'hôtel, venu dit-il pour étudier les bienfaits du tourisme au Tibet ? Ou bien cette jeune fille assise à mes côtés hier soir au restaurant qui m'a subitement demandé où était mon guide ?

Dans l'après-midi, le réceptionniste frappe à nouveau à ma porte. Mais, cette fois, il me tend un bouquet de fleurs et, dans un large sourire, me dit : « Tu resteras toujours la bienvenue parmi nous. » Les vives émotions de ce matin ont été oubliées. Il m'a pardonné les frayeurs que je lui ai causées.

Désormais, les propos du tibétologue italien Giuseppe Tucci se mêlent dans mon esprit au poème de Blaise Cendrars intitulé *Tu es plus belle que le ciel et la mer*[1] :

« Partir de Lhassa n'est pas quitter une ville quelconque. Il est facile de retourner n'importe où ailleurs, mais Lhassa est aussi inaccessible que si elle était hors du monde. S'en éloigner, c'est voir s'estomper une image de rêve, sans savoir si elle reparaîtra jamais. » En écho Blaise Cendrars écrit : « Quand tu aimes il faut partir. » Même si, une fois parti, on n'est pas sûr de croiser de nouveau l'objet de l'amour, qu'importe, il faut partir. « Quoi qu'il advienne, le Tibet de demain ne sera plus le Tibet d'hier. » « Quand tu aimes il faut savoir/Chanter courir manger boire » et « il n'est pas interdit de penser que la nouvelle éducation et un certain esprit d'indépendance inné amèneront un jour les Tibétains à prendre conscience de ce qui est unique et particulier à leur culture ».

1. Dans *Feuilles de route* – I. Poésie/Gallimard, 1968.

17.

En troisième classe

> Tout sera oublié et rien ne sera réparé. Le rôle de la réparation (et par la vengeance et par le pardon) sera tenu par l'oubli. Personne ne réparera les torts commis, mais tous les torts seront oubliés.
>
> Milan Kundera, *La Plaisanterie*

Huit heures du matin. Un seul train à quai : le T 28. Direction : Beijing.

Dans l'immense édifice ferroviaire, seuls les passagers attendent. Aucune personne accompagnant, aucun chauffeur de taxi n'a le droit d'entrer dans la gare. Les familles se tiennent donc postées à distance du bâtiment sanctuarisé par les forces paramilitaires gouvernementales. Les autorités craindraient-elles des attentats contre les lieux stratégiques et la fin de l'*ahimsa*, c'est-à-dire le mouvement de résistance par la non-violence si cher au Mahatma Gandhi ?

Une fois le certificat de bonne santé signé, la foule s'entasse confusément dans les compartiments de troisième classe, de couleur orange et bleu. Mes voisins, des travailleurs de la province du Gansu, s'installent et calent leurs énormes sacs en plastique et leurs ballots dans les filets au-dessus de nos têtes. Femmes et hommes passent et repassent dans les allées.

Huit heures trente, le chef de gare siffle. Le train se met en marche pour plus d'une cinquantaine d'heures, comme à l'aller pour rejoindre Lhassa à partir de Xining en autocar. Nous sommes à peine sortis de la gare que le tohu-bohu dans le compartiment se fait festif. Il roule à petite vitesse, le permafrost du « troisième pôle » l'oblige sans doute à rouler à cette allure. Des géologues experts prédisent que l'installation ne résistera pas à l'intransigeante nature. À cette altitude, les sols gelés hiver peuvent se transformer en marécage de faible profondeur en été. Les ingénieurs chargés du tracé ont de fait placé un cinquième des voies ferrées sur des ponts surélevés. Et, à chaque pont, un agent de sécurité en charge de « la lutte contre le terrorisme tibétain »...

Nous traversons le « pont de l'arc-en-ciel », le « *rainbow bridge* », faisant de Lhassa une image de rêve grâce à l'amas de souvenirs conquis qui s'imprègnent dans la connivence des grands espaces. Ces paysages impassibles ne se laissent pas effeuiller à notre tracé. Cent vingt ans auparavant, le Champenois Gabriel Bonvalot, alors venu de Sibérie accompagné du prince Henri d'Orléans et du prêtre belge De Denken, les parcourait à pied. À cette époque, l'exploit d'être le premier Européen à pénétrer ces terres passa presque inaperçu aux yeux des contemporains davantage captivés par l'Exposition universelle de 1889 et la non moins symbolique tour qu'érigeait Eiffel sur les bords de Seine à Paris.

Dans le compartiment, tout le monde rit, joue, blague et attend. Les passagers sont en majorité chinois, donc heureux de retrouver leur foyer délaissé depuis plusieurs mois pour des emplois sur les chantiers du Tibet. Après quelques heures, on croit qu'un certain apaisement pourra se faire, mais loin de là ! Au fur et à mesure que le temps s'écoule dans les wagons, le brouhaha est toujours aussi vif et constant.

Assis en une rangée de trois sur des banquettes sans accoudoir, aucune table devant soi pour reposer bras et tête. Mon voisin de droite, aux éclats de sang dans les yeux, est si gros que je suis obligée de me pencher vers la fenêtre pour trouver un peu plus d'espace. Le troisième voisin a une fesse dans le vide. Les jambes s'allongent, d'autres se replient. Il faut apprendre à se faufiler entre les gros mollets poilus pour pouvoir détendre un peu ses muscles. Je comprends maintenant pourquoi le vendeur de la gare s'obstinait à vouloir me faire acheter un billet de deuxième classe, là où il y a des couchettes dures. En première, elles sont moelleuses. Il me reste encore cinquante heures à tenir…

Seule étrangère dans la voiture de troisième classe, j'en suis l'attraction. Les travailleurs du Gansu et les soldats en permission qui la peuplent ne parlent pas anglais. Un jeune homme se propose donc d'utiliser le logiciel de traduction de son ordinateur portable pour tenter une brève conversation. Et, très vite, je sympathise avec de jeunes étudiants tibétains qui repartent dans les universités de Chine intérieure. Ils sont tous rassemblés dans un même compartiment, beaucoup plus calme que le mien.

Les minutes défilent ainsi, entre les nouvelles technologies portables, les gros travailleurs du Gansu et les visites régulières à des étudiants tibétains dans les différentes voitures. Puis les heures se succéderont, identiques à elles-mêmes. Les jeunes enfants commenceront d'uriner dans les allées, sous l'œil attentif de leurs mères. Les lavabos se boucheront. Les poubelles déborderont. L'odeur se fera grasse.

«Tu vas voir, les problèmes habituels ne vont pas tarder à arriver!» me disent les Tibétains. À plus de 4000 mètres d'altitude, il est strictement interdit de fumer. Pourtant, des passagers han ne voient aucun inconvénient à en griller quelques-unes dans le passage des toilettes. Les étudiants tibétains m'invitent à faire de même. À peine les cigarettes sont-elles allumées que le contrôleur du compartiment nous demande de les éteindre. Oublierait-il nos voisins qui continuent de les fumer tranquillement?

«Ne t'inquiète pas, ce n'est pas après toi qu'ils en ont, mais après nous. Nous sommes tibétains. C'est toujours ainsi.»

En hiver, les paysages traversés sont balayés par les tempêtes de neige, laissant apparaître les troupeaux de yacks comme des grosses masses sombres. En été, on suit par l'ouest les courbures du lac Namtso pendant plusieurs minutes puis le train trace à travers les grands espaces solitaires et amorce l'ascension du mont Nyenchen Tanglha à l'est.

Les vastes steppes s'enfilent les unes après les autres jusqu'à un arrêt de deux minutes à la gare de Nagku, qui semble être une station ordinaire de ville de province, mais le paysage est tout autre : des semblants d'échangeurs autoroutiers en construction, des gigantesques pancartes pour des produits que l'on ne trouve sûrement qu'à Pékin vantés par de candides actrices chinoises et, au loin, des raffineries. Le changement est radical.

Ensuite nous tracerons à nouveau. Droit pour le Tanggula, le plus haut point sur le parcours. Les masques à oxygène seront alors à la disposition des passagers de première et seconde classe, dans le sens Pékin-Lhassa.

La nuit, la voiture des troisième classe est en fête. Transistors à fond, jeux de cartes déployés à travers les allées : les travailleurs sont loin d'être somnolents ! Alors que les autres wagons sombrent dans la pénombre et le sommeil, ici les lumières resteront allumées pendant les deux nuits du voyage… « afin d'éviter les vols », me dit-on.

Les paupières lourdes, l'esprit encore chargé des horizons sans fin, je m'assoupis malgré le brouhaha festif. Toutes les émotions vécues, tous les souvenirs battent dans mon cœur comme des encouragements à poursuivre ma marche. La quête est sans cesse à recommencer. À l'instar de Deyang et de tous les étudiants tibétains qui partent vers Pékin, je m'endors pour les heures restantes, fermant les yeux sur de nouveaux paysages mais, à cette différence près, la phrase d'Alexandra David-Néel me revient à l'esprit :

« Quel que soit le prix, il vaut la peine d'avoir hanté l'étrange pays de là-haut[1]. »

1. *Voyage d'une Parisienne à Lhassa.*

Glossaire

Ahimsa : mot sanscrit désignant la non-violence dans les religions de l'Inde.

Bodhisattva : « Être sur la voie de l'Éveil », futur Bouddha.
Bouddha : « Éveillé », celui qui a découvert les quatre saintes Vérités et atteint le *nirvâna*.

Cakra : roue, cercle, symbole de la Loi bouddhique.
Chenrézig : nom tibétain d'Avalokitésvara qui signifie « le Seigneur qui regarde vers le bas », l'un des plus grands bodhisattvas du bouddhisme Mahâyâna.
Chomolungma : mont Everest, « déesse mère du monde ».
Chörten : stupa ou élévation qui abrite des reliques sacrées.

Dâkinî : déesses en furie.
Damaru : tambourin.
Darchen : mât de prière.
Dharma : « ordre, règle, loi », la doctrine bouddhique.
Dharmapala : divinités effrayantes protectrices de la Religion.
Dorjé : double sceptre.
Drogpa : nomade tibétain du Chang Tang.
Drongs : cornes de yack sauvage.

Dzo : animal résultant d'un croisement entre le yack et la vache.
Dzong : forteresse.

Golok : nomade tibétain de l'Amdo.
Gompa : monastère.
Go-yol : voilage doublant les portes.

Jâtaka : contes narrant la vie du Bouddha.

Kangyur : «Parole de Bouddha en traduction».
Khabsé : gâteaux frits.
Khata : écharpe blanche cérémonielle.
Kong sol : offrandes du soir.

Lossar : Nouvel An tibétain.

Maitreya : le «Bienveillant», nom du prochain Bouddha.
Mala : rosaire tibétain.
Mandala : représentation graphique du cosmos.
Mani : pierres sur lesquelles sont gravés les mantras.
Mantra : formule liturgique récitée à haute voix.
Momo : boulettes à la viande ou aux légumes.

Nirvâna : état de délivrance atteint par les Bouddhas.

Puja : rite d'adoration et d'hommage à une divinité.

Sakyamuni : «le sage des Sakya», désignation du Bouddha Gautama.
Samsâra : succession des naissances et renaissances.
Sgrung-mkhan : barde.
Shambou : voilage coiffant les portes.
Shindjé : juge des Morts à la tête de taureau.
Shogtse : banquette en bois tapissées.
Shoton : littéralement *sho*, yaourt et *ton*, fête, festival du yaourt.

Tangyur : commentaires religieux écrits par d'éminents sages.
Tchang : boisson alcoolisée à base d'orge.
Tchouba : manteau tibétain.
Tchükham : bonbon à base de fromage de yack.
Thang-ka : œuvre picturale religieuse généralement peinte sur toile que l'on peut rouler pour la transporter.
Tilpou : clochette à main.
Tsampa : farine d'orge.
Tulku : réincarnation d'un maître.

Bibliographie

Aubin, Françoise, « Écrits récents sur le Tibet et les Tibétains. Bibliographie commentée », *Les Cahiers du CERI* n° 6, 1993.

Bacot, Jacques, *Le Tibet révolté*, Hachette, 1912 (Phébus, 1997).

Bishop, Peter, *The Myth of Shangri-La. Tibet, Travel Writing and the Western Creation of Sacred Landscape*, Adarsh Books, 2000.

Chayet, Anne, *La Femme au temps des dalaï-lamas*, Stock, 1993.

Collectif, « Pékin 2008. Le monde en jaune. À qui est le Tibet ? », *Outre-Terre, Revue française de géopolitique* n° 21, Éditions Érès, 2009.

Cooke, Susette, « La culture tibétaine menacée par la croissance économique », *Perspectives chinoises* n° 79, septembre-octobre 2003.

Dalaï-Lama, XIVe, *Au loin la liberté*, Fayard, 1995.

—, *Mon pays et mon peuple. Mémoires de Sa Sainteté le Dalaï-Lama*, Olizane, 1988.

Dalaï-Lama, XIVe, et Carrière, Jean-Claude, *La Force du bouddhisme*, Robert Laffont, 1994.

David-Néel, Alexandra, *Correspondance avec son mari, 1904-1941*, Plon, 2000.

—, *Le Vieux Tibet face à la Chine nouvelle*, Plon, 1981.
—, *Immortalité et Réincarnation*, Plon, 1961 (Éditions du Rocher, 1978).
—, *Voyage d'une Parisienne à Lhassa*, Plon, 1927.
Dawa, Zhaxi, *Tibet, les années cachées*, Bleu de Chine (traduit par Émilienne Daubian), 1995.
—, *La Splendeur des chevaux du vent*, Actes Sud, 1990.
De Lagrange, Arnaud, « Voyage très organisé au Tibet », *Le Figaro*, 19 février 2009.
Dictionnaire du bouddhisme, Encyclopædia Universalis, Albin Michel, 1999.
Donnet, Pierre-Antoine, *Tibet mort ou vif*, Gallimard, 1990.
Durt, Hubert et Xifaras, Mikhaïl, « Bouddhisme et Politique », *Cités 4* n° 12, 2002.
French, Patrick, *Tibet Tibet*, Albin Michel, 2005.
Govinda, Anágarika, *Le Chemin des nuages blancs : pèlerinages d'un moine bouddhiste au Tibet, 1932 à 1949*, Albin Michel, 2008.
—, *Les Fondements de la mystique tibétaine*, Albin Michel, 1996.
Grousset, René, *L'Empire des steppes, Attila, Gengis-Khan, Tamerlan*, Payot, 1965.
Jan, Michel, *Le Voyage en Asie centrale et au Tibet*, Bouquins/Robert Laffont, 1992.
Jian, Ma, *La Mendiante de Shigatze*, Terres d'aventure – Actes Sud, 1988.
Levenson, Claude, *Tibet, otage de la Chine*, Philippe Picquier, 2002.
—, *Tibet, la question qui dérange*, Albin Michel, 2008.
—, « Entretien avec Sa Sainteté le Dalaï-Lama. Tibet : le talon d'Achille de Pékin », *Politique internationale* n° 117, automne 2007.
Norbou, Djamiang, *Un cavalier dans la neige : l'histoire d'Aten, un vieux guerrier khampa*, Jean Maisonneuve, 1981.
Norbu, Tenzin, *La Reconquête du Tibet*, Indigène, 1999.

Papas, Alexandre, *Soufisme et politique entre Chine, Tibet et Turkestan*, Jean Maisonneuve, 2005.

Peissel, Michel, *Mustang : royaume tibétain interdit*, Arthaud, 1969 (Olizane, 1988).

Philip, Bruno, «Échos du Tibet», *Le Monde*, 13 décembre 2008.

Rapport de Human Rights Watch, «Personne n'a la liberté de refuser. Déplacements forcés d'éleveurs tibétains dans le Gansu, le Qinghai, le Sichuan et la RAT», mai 2007.

Rapport de International Campaign for Tibet, *A Great Mountain Burned by Fire. China's Crackdown in Tibet*, mars 2009.

Robin, Françoise, «Tagore au Tibet», *Revue d'études tibétaines*, n° 7, avril 2005.

—, «Mars-avril 2008 : que s'est-il passé au Tibet?», revue *ÉchoGéo*, 2008.

Segalen, Victor, *Odes* suivi de *Thibet*, Gallimard/Poésie, 2000.

Sogyal, Rinpoché, *Le Livre tibétain de la Vie et de la Mort*, La Table Ronde, 1993.

Stein, Rolf Alfred, *La Civilisation tibétaine*, Dunod, 1962.

Tesson, Sylvain, *L'axe du loup*, Robert Laffont, 2004.

Thöndrupgyäl, *La Fleur vaincue par le gel*, Bleu de Chine (traduit par Françoise Robin), 2006.

—, *L'Artiste tibétain*, Bleu de Chine (traduit par Françoise Robin), 2007.

Tucci, Giuseppe, *Tibet : pays des neiges*, Albin Michel, 1969.

Velter, André, *Le Haut-Pays suivi de La Traversée du Tsangpo*, Gallimard, 2007.

Weber, Olivier, *Le Tibet est-il une cause perdue ?*, Larousse, 2008.

Woeser, Tsering, *Tibet's True Heart*, Ragged Banner Press/Dobbs Ferry (traduit par A.E. Clark), 2008.

Yeshi, Kim, *Tibet, histoire d'une tragédie*, Éditions de la Martinière, 2009.

Le sentiment géographique

Tout n'a pas été dit, les guides touristiques n'étant pas conçus pour révéler le plus secret d'une ville ou d'un pays. Le secret, c'est ce qu'un écrivain retrace et tente d'apprivoiser hors de chez lui, dans une rue lointaine, devant un monument célèbre ou le visage d'un passant. Ainsi recompose-t-il, en vagabond attentif, un monde à la première personne. Donc jamais vu.

Dans la même collection

Philippe Barthelet et Éric Heitz, *Le voyage d'Allemagne*
Jean-Marie Laclavetine, *La martre et le léopard, Carnets d'un voyage en Croatie*

Composition Entrelignes (64).
Achevé d'imprimer
sur Roto-Page
par l'Imprimerie Floch
à Mayenne, le 12 avril 2010.
Dépôt légal : avril 2010.
Numéro d'imprimeur : 76441.

ISBN : 978-2-07-012495-4 / Imprimé en France.

166733